BIBLIOGRAPHISCHER DIENST STAAT UND RECHT

Herausgeber:
DEUTSCHES INSTITUT FÜR RECHTSWISSENSCHAFT
Potsdam-Babelsberg

Jahrgang 4/1958 — Heft 2
März/April

AKADEMIE-VERLAG · BERLIN

Inhaltsverzeichnis:

Auslieferungen:

Für das Gebiet der Deutschen Demokratischen Republik: LKG-Leipziger Kommissions- und Großbuchhandel, Leipzig C 1, Leninstraße 16

Für das Gebiet der Deutschen Bundesrepublik: KUNST UND WISSEN, Inh. Erich Bieber, Stuttgart N, Hospitalstraße 33a

Für das gesamte Ausland: Deutsche Buch-Export und -Import GmbH., Leipzig C 1, Postschließfach 276, oder Akademie-Verlag GmbH., Berlin W 8, Mohrenstraße 39

Bestellungen sind zu richten an eine Buchhandlung oder an die Post

---

Herausgeber und verantwortlich für den Inhalt: Der Direktor des Deutschen Instituts für Rechtswissenschaft. Redaktion: Helmut Luft und Klaus Jäger, Potsdam-Babelsberg, Karl-Marx-Straße 2. Verlag: Akademie-Verlag GmbH., Berlin W 8, Mohrenstraße 39, Fernruf: 200386, Postscheckkonto: 35021. Bestell- und Verlags-Nr. dieses Heftes: 1049/4/2. Die Zeitschrift erscheint zweimonatlich. Bezugspreis für den Jahrgang einschließlich Register: DM 22,20; Einzelheft: DM 3,70. Veröffentlicht unter der generellen Druckgenehmigungs-Nr.: Ag 715/58 DDR. Gesamtherstellung: VEB Druckerei „Thomas Müntzer“ Bad Langensalza.

A. BIBLIOGRAPHIE AUS ZEITSCHRIFTEN DER DEUTSCHEN DEMOKRATISCHEN REPUBLIK, DER SOWJETUNION UND DER LÄNDER DER VOLKSDEMOKRATIE

Diese Bibliographie enthält eine Auswahl einschlägiger Artikel aus folgenden Zeitschriften: 1)

a) Deutschsprachige Zeitschriften

Ahdl.	= Der Außenhandel, Berlin	1957,H.24 1958,H.1-2
Altertum	= Das Altertum, Berlin	1957,Bd 3,H.4
Arb.	= Die Arbeit, Berlin	1957,H.12 1958,H.1-2
ArbR.	= Arbeitsrecht, Zeitschrift für Theorie und praxis, Berlin	1957,H.12 1958,H.1-2
Aufb.	= Aufbau (Kulturpolitische Monatsschrift), Berlin	1957,H.11-12 1958,H.1
A.u.S.	= Arbeit und Sozialfürsorge, Berlin ...	1957,H.23-24 1958,H.1-3
Ber.Dt.Wirtsch.Inst.	= Berichte des Deutschen Wirtschaftsinstituts, Berlin	1957,H.20-24 1958,H.1-2
ddz	= Dokumentation der Zeit, Berlin	1957,H.154-156 1958,H.157-158
Dem.Aufb.	= Demokratischer Aufbau, Berlin	1957,H.24 1958,H.1-2
Dem.u.R.	= Demokratie und Recht, Berlin	1957,H.6
DFW	= Deutsche Finanzwirtschaft, Berlin ...	1957,H.24 1958,H.1-3
Dt.Auss.pol.	= Deutsche Außenpolitik, Berlin	1957,H.12 1958,H.1-2
Dt.Zs.Philos.	= Deutsche Zeitschrift für Philosophie, Berlin	1957,H.6
Einh.	= Einheit, Berlin	1957,H.12 1958,H.1
EuV	= Erfindungs- und Vorschlagswesen,Berlin	1957,H.23-24 1958,H.1-2
Forum,Wiss.Beil.	= Wissenschaftliche Beilage des Forum, Berlin	1957,H.1,3,5,17,18, 1957,H.24,29,23,30 1958,H.1,2,5,7,9
Hdl.	= Der Handel, Berlin	1957,H.12 1958,H.1-2

Hswesen	= Das Hochschulwesen, Berlin	1957,H.12 1958,H.1
Jug.Heimerz.	= Zeitschrift für Jugendhilfe und Heimerziehung, Berlin	1957,H.12 1958,H.1
Militärwesen	= Zeitschrift für Militärpolitik und Militärtheorie, Berlin	1958,H.1
Nat.	= Die Nation,Zeitschrift für Theorie und Praxis nationaler Politik, Berlin	1957,H.12 1958,H.1
NJ	= Neue Justiz, Berlin	1958,H.1-3
N.Weg	= Neuer Weg, Berlin	1957,H.24 1958,H.1-3
N.Zeit	= Neue Zeit, Moskau	1957,H.48-52 Sonderheft 1958,H.1-5
RID	= Rechtswissenschaftlicher Informationsdienst, Berlin	1958,H.1-3
Schöffe	= Der Schöffe, Berlin	1957,H.11-12 1958,H.1
Sov.Wiss.(GB)	= Sowjetwissenschaft,Gesellschaftswiss. Beiträge, Berlin	1957,H.12 1958,H.1-2
Soz.Vers.	= Die Sozialversicherung, Berlin	1957,H.12 1958,H.1-2
Stadt und Gem.	= Stadt und Gemeinde, Berlin	1957,H.1-4
Stat.Prax.	= Statistische Praxis, Berlin	1957,H.11/12 1958,H.1
St R	= Staat und Recht, Berlin	1957,H.12 1958,H.1
Vertr.Syst.	= Vertragssystem, Berlin	1957,H.6 1958,H.1
Vpol.	= Die Volkspolizei, Berlin	1957,H.23-24 1958,H.1-3
Weltb.	= Die Weltbühne, Berlin	1957,H.48-52 1958,H.1-6
WGBew.	= Die Weltgewerkschaftsbewegung,Berlin .	1957,H.10-12 1958,H.1
Wirtsch.Wiss.	= Wirtschaftswissenschaft, Berlin	1957,H.7-8
WZ Greifswald	= Wissenschaftl.Zeitschrift d.Ernst Moritz Arndt-Universität,Greifswald ..	1956/57,H.3
WZ Jena (GR)	= Wissenschaftliche Zeitschrift der Friedrich-Schiller-Universität Jena (Ges.u.Sprachwiss.R.)	1956/57,H.6
WZ Leipzig,Binnenhdl.	= Wissenschaftl.Zeitschrift d. Hochschule f.Binnenhandel, Leipzig ...	1956/57,H.2/3
Zs Gesch.Wiss.	= Zeitschrift für Geschichtswissenschaft, Berlin	1957,H.6

b) Fremdsprachige Zeitschriften

Čas.pro mez.pr.	= Časopis pro mezinárodni právo, Prag	1957, H.4
J.K.	= Jogtudományi közlöny (Rechtswissenschaftliche Mitteilungen), Budapest	1957, H.1-9
J.N.	= Justitia Nouá (Neue Justiz) Bukarest	1957, H.4,7
	Kommunist, Moskau	1957, H.16-18
Mežd.žizn	= Meždunarodnaja žizn (Das internationale Leben), Moskau	1957, H.12
	Nová mysl (Neuer Geist), Prag	1957, H.12 1958, H.1
	Nowe Drogi (Neue Wege), Warschau	1958, H.1-2
N.P.	= Nowe Prawo (Neues Recht), Warschau	1957, H.12
	Palestra (Organ d.Obersten Anwaltschaft), Warschau	1957, H.1-4
P.i P.	Państwo i Prawo (Staat und Recht), Warschau	1957, H.9-10
Pr.	= Právník (Der Jurist), Prag	1957, H.9-10
Pr.obz.	= Právny obzor (Juristische Rundschau), Bratislava	1957, H.9-10
Przegl.zach.	= Przeglad Zachodni (Westliche Rundschau), Posen	1957, H.5
Soc.pravo	= Socialističesko pravo (Sozialistisches Recht), Sofia	1957, H.8-9
Soc.zák.	= Socialistická zákonnost (Die sozialistische Gesetzlichkeit), Prag	1957, H.9-10
Soc.zak.(SSSR)	= Socialistická zakonnost (Sozialistische Gesetzlichkeit), Moskau	1957, H.11-12
	Soudce z lidu (Der Volksrichter), Prag	1957, H.10-12
Sov.gos.pravo	= Sovetskoe gosudarstvo i pravo (Sowjetstaat und Sowjetrecht), Moskau	1957, H.12 1958, H.1
Sov.jus.	= Sovetskaja justicija, Moskau	1957, H.2-7
Vestnik akad.nauk SSSR	= Vestnik akademii nauk SSSR (Nachrichten der Akademie der Wissenschaften der UdSSR), Moskau	1957, H.9-12 1958, H.1
Vopr.ekon.	= Voprosy ekonomiki (Fragen der Ökonomie), Moskau	1957, H.8-10
Vopr.fil.	= Voprosy filosofii (Fragen der Philosophie), Moskau	1957, H.6
Vopr.ist.	= Voprosy istorii (Fragen der Geschichte), Moskau	1957, H.10-12

1) Die hier aufgeführten Hefte sind gemäß der Benutzungsordnung der Bibliothek des Deutschen Instituts für Rechtswissenschaft bedingt ausleihfähig.

1.Marxismus-Leninismus [1)]

Čeprakov,N.(Tscheprakow,N.): Der moderne Kapitalismus und der Antimarxismus. (Kommunist, 1957,H.17, S.65-82)

Dvorkin,I.: Das reaktionäre Wesen des modernen Reformismus. (Probl.econ.,1957,H.6; deutsch: Sov.Wiss.(GB) 1957, H.12,S.1545-1559)

Fabiunke,G.: Zu den Ursachen, Zielen und Formen des sogenannten Volkskapitalismus. (WZ Leipzig,Binnenhdl.,1956/57,H.2/3,S.71-102)

Gulyga,A.;O.Jachot;N.Ivanov(Iwanow,N.): Über die Notwendigkeit und den Zufall. (Kommunist, 1957, H.17, S.93-104)

Herbell,H.: Zu einigen Fragen der marxistisch-leninistischen Lehre vom Krieg und von den Streitkräften. (Militärwesen, 1958,H.1,S.33-49)

Ševljagin,D.(Schewljagin,D.): Der Kampf der kommunistischen Bruderparteien gegen den modernen Opportunismus. (Kommunist, 1957,H.18, S.27-44)

Soukup,M.: Grundfragen der Ideologie der französischen Sozialisten. (Nová mysl, 1958,H.1, S.23-35)

2.Rechtswissenschaft (Aufgaben und Methoden)

Bydžovský,L.: Die Hilfe der sowjetischen Rechtswissenschaft bei der Gestaltung der tschechoslowakischen Rechtsordnung.(Pr.,1957,H.9, S.819-824)
3

Knapp,V.: Die Bedeutung der sowjetischen Rechtswissenschaft für die Entwicklung der sozialistischen Rechtswissenschaft und des marxistischen Rechtsdenkens in der ČSR. (Pr.,1957, H.9, S.814-819)

Wisniewski,A,: In Sachen der persönlichen Verbindung zwischen der Rechtswissenschaft und der Praxis. (N.P.,1957,H.12, S.101-103)

3.Staats-und Rechtstheorie

Bartuška,J.: Der sozialistische Staat und die sozialistische Gesetzlichkeit täglich festigen, das ist das ständige Vermächtnis der Großen Sozialistischen Oktoberrevolution. (Soc.zák.,1957, H.9,S.529-537)

Bel'son, Ja.M.:(Belson,Ja.M.: Die Probleme des modernen englischen Parlamentarismus in der bürgerlichen Rechtswissenschaft. (Sov.gos.pravo, 1957,H.12, S.122-128)
7

Benjamin, H.: Aktuelle Fragen des Rechts und des Gerichts.(Einh.,1957, H.12, S.1556-1565;St R, 1958,H.1,S.1-11)
8

Čchikvadze,V.M.: Die Lehre W.I.Lenins vom sozialistischen Staat. (Pr.,1957, H.9, S.773-789)

1) Die nach der Fundstelle eines Artikels angegebenen Zahlen verweisen auf die Bedeutung dieses Artikels auch für andere Fachgebiete entsprechend der hier zugrundegelegten Systematik.

Christoforov, V.G. (Christoforow, W.G.): Die sozialistische Gesetzlichkeit und die Bürokratie. (Soc.pravo, 1957, H.9, S.13-22)

Ignat'ev, N.B. (Ignatew, N.B.): Soziologie oder Reklame? (Vopr.fil., 1957, H.6, S.206-208)

Israeljan, V.L.; N.N.Nikolaev: Aus der Geschichte der ideologischen Vorbereitung des konterrevolutionären Aufstandes in Ungarn im Herbst 1956. (Vopr.ist., 1957, H.12, S.59-76)

Jampolskaja, C.A.: Die subjektiven Rechte der Sowjetstaatsbürger und der Charakter der Garantie dieser Rechte. (J.K., 1957, H.1-3, S.24-31)

Karev, D.: Zur Kodifikation und Vervollkommnung der sowjetischen Gesetzgebung. (Sov.jus., 1957, H.2, S.11-14)

Kerimov, D.A.; B.V.Šejndlin (Schejndlin, B.W.): Über den Gegenstand der allgemeinen Theorie des Staates und des Rechts. (Sov.gos.pravo, 1957, H.12, S.3-13)

Kerimov, D.A.: Zur Anwendung der marxistischen Methodologie bei der Erforschung rechtlicher Erscheinungen. (St R, 1957, H.12, S.1212-1228)

Lacis, V.: Sowjetdemokratie. (N.Zeit, 1957, H.49, S.6-8)

Litvin, J.: Zur Frage der Rechtsgültigkeit verschiedener Gesetze aus der Zeit vor dem Kriege. (Palestra, 1957, H.3, S.14-27)

Peschka, V.: Diskussion über den Rechtsbegriff in der sowjetischen Rechtstheorie. (J.K., 1957, H.4-6, S.190-194)

Piskotin, M.I.: Über die Funktionen des Sowjetstaates in der gegenwärtigen Periode. (Sov.gos.pravo, 1958, H.1, S.89-100)

Neue Rechtsinstitute, ihre Gründe und Aufgaben. (J.K., 1957, H.1-3, S.6-15)

Rolenc, V.: Zu einigen Fragen der sozialistischen Revolution. (Soc.zák., 1957, H.9, S.537-548)

Rot, H.: Bemerkungen zur Struktur der Rechtsnorm. (P.i P., 1957, H.10, S.651-656)

Šabad, B.A. (Schabad, B.A.): Einige charakteristische Merkmale der modernen bürgerlichen Lehren vom Staat. (Sov.gos.pravo., 1958, H.1, S. 126-132)

Über das System des sozialistischen Sowjetrechts. (Sov.gos.pravo, 1958, H.1, S.101-108)

Szabó, I.: Nationales Recht und sozialistische Rechtsentwicklung. (J.K., 1957, H.1-3, S.16-23)

Turska, A.: Über die Fiktion der allgemeinen Rechtskenntnis. (P.i P., 1957, H.9, S.307-324)

Vorožejkin, E. (Woroshejkin, E.): Die ständige Festigung der sozialistischen Gesetzlichkeit als die wichtigste Voraussetzung für die Vorwärtsentwicklung des Sowjetstaates. (Sov.jus., 1957, H.5, S.8-11)

Wolf,H.F.:-Soziologie heute. (Forum,Wiss.Beil.,1957,H.1, S.1-4)

4.Geschichte der Staats-und Rechtstheorie

Dress,H.: Der antidemokratische und reaktionäre Charakter der Verfassungspläne Goerdelers. (Zs.Gesch.Wiss.,1957, H.6, S.1134-1159)

Keček'jan,S.F.(Ketschekjan,S.F.): Die soziologischen Anschauungen August Comtes. (Sov.gos.pravo, 1957, H.12, S.84-96)

Subbotin,A.L.: Die philosophischen Ideen August Comtes.(Vopr.fil., 1957, H.6, S.72-79)

5.Staats-und Rechtsgeschichte

Bianchi,L.: Bericht über die staatliche rechtshistorische Konferenz am 19.u.20.Juni 1957 in Prag. (Pr.obz.,1957, H.9, S.571-574)

Cederbaum,H.: Die Anwaltschaft im Königreich Polen.(Palestra,1957, H.1, S.79-87)

Epperlein,S.: Die deutsche Stadt im Mittelalter. (Stadt u.Gem.,1958, H.1, S.36-37)

Mezger,F.: Zur linguistischen Rechtsgeschichte.(WZ Greifswald,1956/57, H.3, S.217-221)

Soboeinski,W.: Die erste Synthese der Geschichte des Staats und des Rechts Polens. (P.i P.,1957, H.10, S.526-557)

Zirulnik,R.J.: Die publizistische Tätigkeit Clara Zetkins zur Verteidigung Sowjetrußlands in den Jahren 1917 und 1918. (Zum 100.Geburtstag)(Vopr.ist.,1957,H.5; deutsch: Sov.Wiss.(GB) 1957,H.12, S.1489-1510)

6.Völkerrecht und Außenpolitik

Die Abrüstungsverhandlungen in der XII.UNO-Vollversammlung.(5.Fortsetzung) (ddz, 1957,H.155, Sp.1-18)

Antjasov,M.;A.Glinkin: Neues über den Panamerikanismus.(Mežd.žizn., 1957, H.12, S.93-105)

Bär,H.: Über die Vertretung der Staaten im Wirtschafts-und Sozialrat. (Sov.gos.pravo, 1957,H.12,S.118-121)

Baumgarten,A.: Das Menschenrecht der Völker auf Frieden und ihre Verantwortung für die Erhaltung des Weltfriedens in der Epoche der Atomenergie.
(NJ, 1958,H.1, S.1-3)

Bobrov,R.L.: Zwei Fragen der Theorie der Anerkennung neuer Staaten und Regierungen. (Sov.gos.pravo.,1958, H.1,S.80-88)

Brodský, J.: Die Frage der Ballonaktionen in der Internationalen Organisation für Zivilluftfahrt. (Pr.,1957, H.10, S.926-930)

Vertrag über die Gründung der Europäischen Gesellschaft für Atomenergie ("Euratom").(Mežd.žizn.,1957, H.12, S.164-181)

Fiumel,H.de: Die Frage der Souveränität in der Zone des Panamakanals. (P.i P.,1957,H.10, S.641-650)

Graefrath,B.: Küstengewässer, Freiheit der Meere und Shelf. (AUSS.POL.,1958, H.2, S.112-118)

Graefrath,B.: Zur Neugestaltung des Konsularrechts. (St R, 1958,H.1, S.12-28)

Haraszti,G.: Der Suezkanal und das Völkerrecht. (J.K.,1957, H.4-6, S.184-190)

Herczegh,G.: Die theoretischen Grundfragen des Völkerrechts im Lichte der Werke von Hans Kelsen. (J.K.,1957, H.7-9, S.293-304)

Herczegh,G.: Das Statut der Internationalen Agentur für Atomenergie. (J.K.,1957, H.4-6, S.197-201)

Hirano,Y.: Probleme der Okinawa-Inseln. (AUSS.POL.,1958, H.2,S.151-158)

Kania,A.: Die internationale Gewährleistung der Sicherheit der Seeschiffahrt. (Čas.pro mez.pr. 1957, H.4, S.346-353)

Kirchhoff,R.: Über den Charakter und die gegenwärtigen Aufgaben der Friedensbewegung. (Nat.,1958, H.1, S.1-5)

Kollontai,W.: Ein wichtiges Problem der Länder Asiens und Afrikas (Kairoer Konferenz). (N.Zeit,1958, H.4, S.9-11)

Korecki,V.M.: "Die allgemeinen Rechtsprinzipien" im Völkerrecht. (J.N.,1957, H.4, S.581-591)

Krno,D.M.: Zur Frage des Einflusses der Großen Sozialistischen Oktoberrevolution auf die Entwicklung des Völkerrechts. (Čas.pro mez.pr. 1957, H.4, S.281-299)

Liebig,G.: Die Arbeiterklasse und der "Gemeinsame Markt".(Dt.Auss.pol. 1957, H.12, S.1119-1128)

Mehner,K.: Arbeitstagung zu Fragen der Kolonialgeschichte und der kolonialen Befreiungsbewegung. (Zs.Gesch.Wiss.,1957, H.6, S.1260-1264)

Moltke,K.: Dänemark - Angriffsbasis oder Friedensbrücke? (Dt.Auss.pol.,1958, H.1,S.55-61)

Die NATO bedroht den Frieden der Ostseeländer (Betr.militärpolitische Lage).(Militärwesen,1958,H.1, S.141-151)

Norden,A.: Für eine Massenbewegung gegen den Atomtod.(N.Weg,1958,H.3, S.226-230)

Opitz,K.: Der Rat für Gegenseitige Wirtschaftshilfe.(Ahdl.,1958, H.1, S.6-8)

Peck,J.: Die Ostsee muß ein Meer des Friedens werden.(Betr.gemeinsame Erklärung der DDR u.Volkspolen vom 20.Juni 57) (Nat.,1957,H.12, S.890-897)

Potocny: J.Peck, Zum völkerrechtlichen Status der Deutschen Demokratischen Republik.(Rez.)(Čas.pro mez.pr.,1957, H.3, S.277-278;deutsch: RID, 1958,H.3, S.95-96)

Ramstetter,H.: Afrikanisch-Asiatische Solidaritätskonferenz in Kairo 1957. (NJ,1958, H.3, S.77-78)

Říha,J.: Der Rechtshilfevertrag mit der UdSSR. (Soudce z lidu.,1957, H.10, S.141-142)

Rose,H.: Probleme der 12.UN-Vollversammlung. (Dt.Auss.pol.,1957, H.12, S.1089-1094)

Sach,J.;M.Tarczewski: Verschiedene Fragen über den Einfluß des Krieges auf internationale Verträge. (P.i P.,1957, H.9, S.422-429)

Scharfenberg, G.: Westdeutschland und die Algerienfrage.(Dt.Auss.pol., 1957,H.12, S.1105-1110)

Schmidt,J.L.: Die besondere Aggressivität des wiedererstandenen deutschen Imperialismus. (Einh.,1957,H.12, S.1573-1589)

Seidel,K.: Zum Stand der Abrüstungsdiskussion. (Dt.Auss.pol.,1958, H.1, S.48-55)

Starušenko,G.B.(Staruschenko,G.B.): Gegen die Entstellung des Prinzips der Selbstbestimmung der Völker und Nationen.(Sov.gos.pravo., 1958, H.1, S.62-70)

Tomko,J.: Die Souveränität der Staaten - eine unerläßliche Voraussetzung der friedlichen internationalen Zusammenarbeit.(Pr.obz.,1957, H.10, S.578-590)

Tunkin,G.I.: Die Fragen des Botschafterrechts auf der IX.Tagung der Kommission für Völkerrecht der UN. (Sov.gos.pravo, 1957,H.12,S.73-83)

Tunkin,G.: Neues aus dem Recht der diplomatischen Missionen. (Mezd.zizn.,1957, H.12, S.63-71)

Tunkin,G.: Sozialistischer Internationalismus und Völkerrecht. (N.Zeit, 1957, H.51, S.10-11)

Voss,H.: "Gemeinsamer Markt" und Freihandelszone.(AUSS.POL.,1958,H.2, S.119-126)

Vychodil,F.: Die amerikanische Expansion gefährdet den Frieden im Mittleren Osten. (Nová mysl, 1957, H.12, S.1143-1154)

Žourek,J.(Shourek,J.): Die sowjetische Definition der Aggression - ein großer Beitrag zur Entwicklung des Völkerrechts.(Čas.pro mez.pr. 1957, H.4, S.310-326)

7.Staatsrecht

Antal,A.: Die Immunität der Abgeordneten der Staatsversammlung in Ungarn. (J.K.,1957, H.1-3, S.57-65)

Belle,P.: Die Entwicklung der Verfassung während des 10 jährigen Bestehens der Rumänischen Volksrepublik. (J.N.1957, H.7, S.1172-1190)

Cagara,J.: Verschiedene Bemerkungen zur Frage der Zwangsausweisung. (N.P.,1957, H.12, S.106-109)

Douzon,H.: Der Ausnahmezustand in Algerien und seine Rückwirkungen in Frankreich. (Dem.u.R.,1957, H.6, S.260-266)

Gentz,J.: Größere Sorgfalt bei der Rechtsbereinigung.(NJ, 1958, H.1, S.24-25)

Cieslak,M.: Die richterliche Unabhängigkeit und die Partei.(Palestra, 1957,H.2, S.5-16)

Gliga,I.: Einige Fragen des Aufbaus, der Vervollkommnung und der Vereinfachung des Staatsapparates der Rumänischen Volksrepublik. (J.N.,1957, H.4, S.606-622) 2

Grospič,J.(Grospitsch,J.): Die neue verfassungsrechtliche Regelung der slowakischen Nationalorgane. (Pr.,1957, H.10, S.895-911)

Grotewohl,O.: Die feste Zusammenarbeit der staatlichen Organe mit den Volksmassen sichert den sozialistischen Aufstieg(Betr.Gesetz über die örtlichen Organe der Staatsmacht).(Dem.Aufb.,1958,H.2, S.25-28)

Gurvič,G.S.(Gurwitsch,G.S.): Einige Fragen des Sowjetischen Staatsrechts.(Sov.gos.pravo, 1957, H.12, S.104-111)

Gwizdz,A.: Fragen des Gesetzgebungsverfahrens. (P.i P.,1957, H.10, S.503-525)

Jahr,M.: Westirian - ein integrierender Teil der Republik Indonesien. (AUSS.POL.,1958, H.2, S.143-151) 6

Kröger,H.: Zu einigen Fragen des staatsrechtlichen Status von Berlin. (Dt.Auss.pol.,1958, H.1, S.10-26)

Liebscher,G.: Wie entstand und behauptete sich bisher die erste kommunistische Regierung Indiens in Kerala? (Einh.,1958, H.1, S.87-95)

Lonscher,B.: Indonesien. (Nat.,1958, H.1, S.16-32)

Lunev,A.E.(Lunjew,A.E.): Die Formen der Teilnahme der Volksmassen an der Arbeit der staatlichen Organe in der Volksrepublik China. (Sov.gos.pravo,1958, H.1, S.71-79) 2

Zehn Jahre Pakistan. (Aufb.,1957, H.12, S.646-653)

Petr,M.: Deutschland in den Arbeiten tschechoslowakischer Autoren. (Rez.) (AUSS.POL.,1958, H.2, S.177-184)

Ranke,H.: Die Wahlen zu den Volksgerichten in der Sowjetunion. (NJ, 1958, H.2,S.50-52)

Reintanz,G.: Die Union von Burma. (St R, 1958,H.1, S.66-87)

Die SPD am Scheidewege. (Weltb.,1957, H.51, S.1601-1610)

Szyr,E.: Die Richtungen der weiteren Umgestaltungen der Nationalräte. (Nowe Drogi, 1957, H.12, S.72-83) 10

Ziartides,A.: Für die Freiheit Zyperns. (Arb.,1958, H.1, S.56-57)

Zimin,I.N.(Simin,I.N.): Die neue Verordnung über den Dorfsowjet der Deputierten der Werktätigen der RSFSR. (Sov.gos.pravo.,1958, H.1, S.3-11)

8.Gerichtsverfassung(einschließlich Staatsanwaltschaft, Justizverwaltung, Notariat u.Anwaltschaft)

Avrach,J.(Awrach,J.): Die Teilnahme des Volkes an der Rechtsprechung. (Sov.jus.,1957, H.5, S.62-63)

Boldyrev,V.(Boldirew,W.): Für eine gute Qualität der gerichtlichen Aufsicht und Kontrolle. (Sov.jus., 1957, H.6, S.8-12)

Bydžovský,L.: Der Rechtshilfevertrag in Zivil-,Familien- und Strafsachen mit der UdSSR. (Soc.zák.,1957, H.9, S.548-551) 6,13,14

Chládek,J.: Zur Frage der Gerichtszuständigkeit. (Pr.obz.,1957, H.10, S.626-628)

Dubkov,E.;P.Pospelov (Dubkow,E.;P.Pospelow): Die Kultur des Verhaltens der Staatsanwälte und Rechtsanwälte vor Gericht.(Soc.zak.(SSSR), 1957, H.11, S.18-20)

Gol'diner,V.(Goldiner,W.): Zur Frage der prozessualen Stellung des Rechtsanwalts. (Sov.jus.,1957, H.7, S.15-18) 11,18

Görner,K.: Die Vereinigung Demokratischer Juristen und die Vorbereitung der kommenden Schöffenwahlen. (Dem.u.R.,1957, H.6, S.241-244)

Ivanov,V.;G.Smolickij(Iwanow,W.;G.Smolickij): Über die Zuständigkeit des Obersten Gerichts der UdSSR. (Sov.jus.,1957,H.2, S.45-48)

Ivanova,N.(Iwanowa,N.): Unsere Erfahrungen aus der Leitung der Tätigkeit der Volksgerichte. (Sov.jus.,1957, H.6, S.17-20)

Jakovlev,M.;M.Korjakin(Jakowlew,M.): Über die Teilnahme des Staatsanwalts an der Gerichtsverhandlung. (Soc.zak,(SSSR), 1957,H.12, S.54-55)

Janczevski,S.: Aufgabe und Rolle der Anwaltschaft. (Palestra,1957, H.1, S.5-13)

Janczewski,S.: Der erste Jahrestag der Selbstverwaltung der Anwaltschaft. (Palestra, 1957, H.4, S.3-14)

Kalenov,Ju.(Kalenow,Ju.): Die Wahlen des Volksgerichts.(Soc.zak. (SSSR), 1957, H.11, S.4-7)

Koršunov,Ju.(Korschunow,Ju.): Über die Bedeutung der Prädidien der Gerichte für die Gewährleistung der Stabilität der Gerichtsentscheidungen. (Soc.zak.(SSSR), 1957, H.11, S.72-74)

Krutsch,W.: Die Rechenschaftslegung sorgsam vorbereiten. (Betr.Schöffenwahl) (Schöffe,1957, H.11, S.349-351)

Nažimov,V.(Nashimow, W.): Die Stellung der Richter im Prozeß. (Sov.jus.,1957, H.5, S.39-41)

Névai,L.: Das Gerichtsverfassungsgesetz der Ungarischen Volksrepublik. (St R, 1958, H.1,S.29-47)

Niethammer,F.: Gedanken zur Schöffenwahl. (Weltb.,1958, H.2, S.44-47)

Paníček,F.: Zu den Wahlen der Richter und Volksrichter.(Pr.obz.,1957, H.9, S.513-518)

Perlov,I.D.: Über die notwendigen Grenzen der Zentralisierung der Organe der Staatsanwaltschaft in Anbetracht der Erweiterung der Befugnisse der Unionsrepubliken.(Sov.gos.pravo, 1958,H.1, S.12-24) 7

Perlov,I.: Über die Organisation und den Aufbau des Gerichtssystems der Russischen Föderation. (Sov.jus.,1957,H.2, S.39-44)

Die Vorbereitung der Schöffenwahlen hat begonnen.(Schöffe, 1957, H.12, S.370-374)

Šikov,A.(Schikow,A.): Die Aufgaben, die sich für die Gerichtsorgane der RSFSR bei Ablauf der Frist der Vollmachten der Volksgerichte ergeben. (Sov.jus.,1957, H.7, S.12-14)

Slominski,A.: Für die Teilnahme der Anwälte am Verwaltungsstrafverfahren. (Palestra, 1957,H.2, S.34-38) 9,11

Stepanova,A.(Stepanowa,A.): Über die Arbeit der Notariate und deren Anleitung. (Sov.jus.,1957, H.7, S.19-23)

Toeplitz:Hitlers Mordrichter - Stützen der Adenauerjustiz.(Schöffe, 1957, H.11, S.342-346)

Vaněček,S.: Der Aufbau der demokratischen Gerichtsbarkeit in der UdSSR. (Soc.zák.,1957, H.9, S.551-557)

Warman,Z.: Für eine uneingeschränkte Immunität der Anwaltschaft. (Palestra, 1957, H.2, S.17-27)

9.Verwaltungsrecht und Allgemeine Aufsicht des Staatsanwalts

Bar,L.: Die staatliche Bauaufsicht. (P.i P.,1957, H.10, S.588-600)

Zur Frage der Berufung und Abberufung der Leiter der Fachorgane der örtlichen Räte. (Dem.Aufb.,1958, H.2, S.42-44)

Bak,J.: Der Einspruch des Staatsanwalts im Verwaltungsverfahren. (J.K.,1957, H.7-9, S.238-247)

Boock,G.: Der Deutsche Städte- und Gemeindetag. (Stadt u.Gem.,1957, H.1, S.4-6)

Chalfina,R.O.: Die Umgestaltung der Leitung der Industrie und die vertraglichen Beziehungen zwischen den sozialistischen Organisationen.(Sov.gos.pravo,1957, H.5; deutsch: Sov.Wiss.(GB), 1957,H.12, S.1560-1567) 15

Chełmoński,A.: Verschiedene Rechtsfragen der Verwaltungsakte in der vergesellschafteten Wirtschaft. (P.i P.,1957, H.9, S.358-367)

Dozorcev,V.(Dosorzew,W.): Rechtliche Fragen der Vervollkommnung der Leitung der Industrie. (Sov.jus.,1957, H.2, S.15-19)

Eropkin,M.: Die Werktätigen müssen auf breiterer Ebene zum Schutz der öffentlichen Ordnung herangezogen werden. (Sov.jus.,1957,H.5, S.12-17)

Grube: Das Gesundheitswesen in den Städten und Gemeinden. (Stadt u. Gem.,1957, H.4, S.1-2)

Janowicz, Z.: Die Reform der örtlichen Organe in der Deutschen Demokratischen Republik. (Przegl.zach.,1957, H.5, S.1-10)

Kertész,I.: Die neue Regelung der Disziplinarvergehen.(J.K.,1957, H.7-9, S.284-293)

Kleyer,H.;G.Schulze: Das 33.Plenum und der Weg zur Verstärkung der sozialistischen Leitung des Staates. (Dem.Aufb.,1957, H.24, S.601-602)

Krüger,U.: Zur historischen Entwicklung des Kommunalwahlrechtes in Deutschland. (Stadt u.Gem.,1957, H.1, S.6-11)

Lyszczak,W.: Die Grundzüge des Systems der Verwaltungsgerichtsbarkeit Jugoslaviens. (N.P.,1957, H.12, S.96-100)

Madar,Z.: Die neuen Gesetze über die örtlichen Organe der Staatsgewalt in der DDR. (Pr.,1957, H.9, S.837-841)

Menzel,W.: Betrachtungen zur Rechtsstellung der Hochschullehrer in der Deutschen Demokratischen Republik. (St R, 1958, H.1,S.48-65) 19

Nicolaescu,A.: Über die Notwendigkeit einer neuen Forstgesetzgebung. (J.N. 1957, H.7, S.1230-1237)

Nyesztyerov,A.M.: Einige Fragen über die Rechtstellung der Maschinenstationen. (J.K.,1957, H.7-9, S.268-274)

Plaňková,O.: Zum Begriff des Einfamilienhauses vom Standpunkt des neuen Gesetzes über die Wohnraumbewirtschaftung. (Pr.obz.,1957, H.9, S.565-569)

Prusa,O.: Einige Erfahrungen beim Aufbau des Sowjetstaates und bei der Einbeziehung der Werktätigen in den Aufbau des Staates und der Wirtschaft. (Pr.,1957, H.9, S.790-814)

Reeck,G.: Über die Berufung und Abberufung leitender Mitarbeiter des Staatsapparates. (ArbR.,1958, H.1, S.10-11) 19

Reichelt,H.: Die bisherige Durchführung des Gesetzes über die örtlichen Organe der Staatsmacht auf dem Gebiet der Landwirtschaft und die weiteren Aufgaben im Jahre 1958. (Dem.Aufb.,1958, H.2, S.28-31)

Rusu,V.: Über die zweckmäßige Organisation des staatlichen Verwaltungsapparates. (J.N. 1957, H.7, S.1191-1206)

Schmidt, M.: Die Wehrgesetzgebung der Bundesrepublik und ihre Einwirkung auf die kommunale Selbstverwaltung. (Stadt u.Gem.,1957,H.1, S.22-23) 7

Schmidt,W.: Über einige Erfahrungen bei der Allgemeinen Aufsicht der Staatsanwaltschaft in der Deutschen Demokratischen Republik. (J.K.,1957, H.4-6, S.118-126)

Šik,O.: Die vorgeschlagenen Veränderungen in der Planung und Leitung der tschechoslowakischen Industrie. (Einh.,1957, H.12,S.1630-1647)

Szamel,L.: Bemerkungen zum Gesetz über das Verwaltungsverfahren. (J.K.,1957, H.4-6, S.134-140)

Walter,E.: Planung - Plankontrolle - Wirtschaftskontrolle. (Stat.Prax.,1957, H.11/12, S.262-263)

Waraczewski,K.: Verbindlichkeitserklärung oder Zwangsmietvertrag? (A.u.S.,1958, H.2, S.56-57) 13

Weber,F.: Die Ablieferungsschuldverhältnisse als besondere Art von Zivilrechtsverhältnissen. (St R, 1958, H.1, S.96-108) 13

Weichelt, W.: Gedanken zum 200. Geburtstage des Freiherrn vom Stein und zur kommunalen Selbstverwaltung in der Bundesrepublik. (Stadt u.Gem.,1957, H.2, S.7-11) 4,7

Wulff,L.: Den Anforderungen der Praxis entsprechen. (Betr.Entwurf des Polizeigesetzes) (Vpol.,1958, H.1, S.22-23)

10.Finanzrecht

Deparade,G.;H.Brendel: Zur Übertragbarkeit von Haushaltsmitteln. (DFW, 1958, Ausg.Staatsh.,H.1, S.8-11)

Fischer,R.: Zur Aufstellung der örtlichen Haushaltpläne. (Stadt u.Gem.,1958, H.1, S.3-6)

Fischer,R.: Bringt die westdeutsche Finanzreform den Gemeinden die erhoffte finanzielle Stabilität? (Stadt u.Gem.,1957, H.1,S.18-19)

Fischer,R.: Die Verschuldung des Bundes, der Länder und Gemeinden Westdeutschlands. (DFW, 1958,Ausg.Staatshaush., H.3, S.78-81)

Großmann,W.: Die Beziehungen zwischen Haushalt- und Kreditsystem. (DFW, 1958, H.2, S.33-37)

Harasimowicz,J.: Das Problem des Schutzes des staatlichen Eigentums im Haushaltsrecht. (P.i P., 1957, H.9, S.413-417)

Hauser,G.: Einige für Finanzwirtschaftler wichtige Fragen des Vertragsgesetzes. (DFW,1958, H.1,Ausg.Fin.u.Buchf.,S.5-8) 15

Der Bonner Haushalt im Zeichen der Aufrüstung. (Ber.Dt.Wirt.Inst., 1958, H.2, S.12-14)

Herdegen,J.: Die Pariser NATO-Konferenz und ihre Auswirkungen auf den Bundeshaushalt. (DFW, 1958, H.2, S.48-50) 6

Die Finanzierung der Investitionen in Westdeutschland. (Ber.Dt. Wirtsch.Inst. 1957, H.21, S.3-11)

Kuckhoff,G.: Die Aufgaben der Staatsbank. (DFW, 1958, H.2, S.33-36)

Linsel,H.: Die westdeutsche Bundesbank - ein Instrument zur Aufrüstung. (DFW,1957,H.24,Geld u.Kredit-Vers.,S.729-731)

Rohde,E.: Planmethodik und Haushaltsausgleich. (DFW, 1957,H.24, Ausg. Staatsh.,S.727-729)

Schomburg,G.: Weltwährungsfonds und Weltbank als Wegbereiter der imperialistischen Expansionspläne. (AUSS.POL.,1958, H.2, S.162-172)

Spiller,H.: Das Steuerermittlungsverfahren. (DFW,1958, H.2, S.53-56)

Spiller,H.: Das Steuerrechtsverhältnis. (DFW,1958,H.1, Ausg.Staatsh. S.25-27)

Schnackenburg,L.: Zur Anerkennung der Schulden des ehemaligen Deutschen Reiches durch Adenauer. (Nat.,1958, H.1, S.6-15)

Siegert,W.: Der Klassencharakter des französischen Steuersystems. (DFW, 1957, H.24,Ausg.Staatsh.,S.734-735)

Trebuth,R.: Die ECE-Verrechnungen. (Ahdl.,1958, H.1, S.8-9)

11.Strafrecht, Strafprozeß

Anaškin,G.(Anaschkin,G.): Einige Fragen der Kodifikation der Strafprozeßgesetzgebung der RSFSR. (Sov.jus.,1957, H.2,S.34-38)

Andrejew,I.: Über die "Gesellschaftsgefährlichkeit" in Verbindung mit den Direktiven über das Strafmaß. (N.P.,1957, H.12, S.8-13)

Barna,P.: Das Subjekt und die subjektive Seite der in den 1.Punkt der Amtlichen Zusammenstellung der Strafgesetze aufgenommenen Verbrechen im Spiegel der Rechtspraxis. (J.K.,1957, H.7-9, S.259-265)

Benjamin,H.: Fragen des Strafrechts in der Deutschen Demokratischen Republik. (Dem.u.R.,1957, H.6, S.252-259)

Benjamin, M.: Eine Absage an den materiellen Verbrechensbegriff. (St R, 1953, H.1, S.88-95)

Borodin,S.: Nochmals über die Mittäterschaft. (Soc.zak,(SSSR),1957, H.12, S.18-24)

Breier,S.: Die Entwendung und die vorsätzliche Schädigung des Vermögens im sozialistischen Eigentum nach dem tschechoslowakischen Strafrecht. (Pr.obz.,1957, H.10, S.591-612)

Bušuev,I.A.(Buschuew,I.A.): Die Besserungsarbeit als Strafmassnahme im sowjetischen Strafrecht. (Sov.gos.pravo, 1957,H.12, S.56-63)

Buzov,V.(Busow,W.): Die Praxis des Obersten Gerichts in Verfahren, die bestimmte Transportverbrechen betreffen - Art.131 u.146, Abschnitt II, III und IV des Strafgesetzbuches. (Soc.pravo, 1957, H.8, S.59-73)

Buzov,V.(Busow,W.): Die Praxis des Obersten Gerichts in Sachen bestimmter Transportverbrechen. (Soc.pravo, 1957, H.9, S.23-33)

Celinski,W.: Die Neuregelung der Institution der bedingten Haftentlassung. (N.P.,1957, H.12, S.113-115)

Cieślak,M.: Über die Verantwortlichkeit der Anwälte für Fakten der Rechtsbeugung und ihre Bestrafung. (Palestra, 1957, H.1, S.66-72)

Čilikov,K.(Tschilikow,K.): Die strafrechtliche Verantwortlichkeit der Verwaltungsleiter für die Verletzung der technischen Sicherheitsvorschriften. (Soc.pravo,1957, H.9, S.34-45) 19

Creutzburg,H.: Strafverfahren gegen demokratische Juristen vor dem Bundesgerichtshof. (NJ, 1958, H.1, S.25-27)

Dmitrov,M.: Die Erklärungen des Beschuldigten als Beweis in unserem Strafprozeß. (Soc.pravo, 1957, H.8, S.34-39)

Dobrinescu,I.: Über die Bedingungen des Überfalls und der Verteidigung im Falle der Notwehr. (J.N.,1957, H.4, S.641-646)

Efimov,M.: Die Anwendung der bedingt-vorfristigen und vorfristigen Entlassung aus Haftanstalten sowie der Anrechnung der Arbeitstage. (Sov.jus.,1957, H.5, S.18-23)

Feller,S.;S.Kahane: 10 Jahre Strafgesetzgebung. (J.N. 1957, H.7, S.1207-1229)

Fiedler,R.: Sittlichkeitsverfehlungen Jugendlicher. (NJ, 1958, H.3, S.96-97)

Flatau-Kowalska,A.: J.Renneberg, Die kriminalsoziologischen und kriminalbiologischen Lehren und Strafrechtsreformvorschläge Liszts und die Zerstörung der Gesetzlichkeit im bürgerlichen Strafrecht. (P.i P.,1957, H.9, S.462-466; deutsch: RID, 1958, H.3, S.81-86)

Florath,A.: Aus der Arbeit der Jugendstaatsanwälte. (NJ, 1958, H.3, S.92-93)

Fräbel,A.: Das Verhältnis der Erziehungsmaßnahmen zu den Strafen nach § 3 JGB. (NJ, 1958, H.1, S.14-19)

Frenzel,H.: Nochmals: Zur Aufklärung von versuchten Delikten. (NJ, 1958, H.1, S.22-24)

Galkin,B.A.: Die Funktionen des Staatsanwalts im sowjetischen Strafprozeß. (Sov.gos.pravo, 1957, H.12, S.25-35)

Gerats,H.: Die Beteiligung. (J.K.,1957, H.1-3, S.38-45)

Gol'diner,V.D.(Goldiner,W.D.): Das Motiv des Verbrechens und seine Bedeutung im sowjetischen Strafrecht.(Sov.gos.pravo.,1958,H.1, S.43-52)

Goljakov,I.: Zum Entwurf des Strafgesetzbuches der RSFSR.(Sov.jus., 1957, H.2, S.30-33)

Görner,R.: Kontrolle der im Jugendgerichtsverfahren ausgesprochenen Weisungen.(NJ, 1958, H.2, S.61-62)

Gutekunst,W.: Verschiedene Probleme der Kodifizierung der Eigentumsdelikte. (P.i P.,1957, H.10, S.572-587)

Habermann,G.: Zur Frage der obligatorischen Kraft des im Strafprozeß erlassenen Urteils. (J.K.,1957, H.1-3, S.66-74)

Hilarowicz,T.: Die Pflicht des Schadenersatzes bei Aussetzung des Strafvollzugs. (N.P.,1957, H.12, S.115-117)

Horváth, T.: Einige strafrechtliche Beziehungen des gegen die Verbrechensbegehung der Gegenrevolution geführten Kampfes.(J.K.,1957, H.4-6, S.97-110)

Jurovskij,D.(Jurowskij, D.): Die Kodifikation der Strafgesetzgebung der Ukrainischen SSR. (Soc.zak,(SSSR), 1957, H.12, S.13-17)

Kaftal,A.: Die Problematik der teilweisen Rechtskraft gerichtlicher Entscheidungen auf der Grundlage der Strafprozeßordnung sowie der Entscheidung des Obersten Gerichts. (P.i P.,1957, H.10,S.625-640)

Kern,H.: Die Erziehung im Strafvollzug. (St R,1958, H.1,S.109-120)

Kretowicz,K.: Verschiedene Bemerkungen über das Rowdyunwesen. (Palestra, 1957, H.3, S.28-41)

Kubec,Z.: Das richterliche Strafmaß. (N.P.,1957, H.12, S.14-23)

Kurljandskij, V.(Kurljandsskij,W.): Zur Verbrechensverhütung. (Sov.jus.,1957, H.4, S.27-31)

Leim,E.: Zum minderschweren Fall der Waffenverordnung.(NJ, 1958, H.1, S.12-14)

Lekschas, J.: Das Strafrechtsergänzungsgesetz.(Dem.u.R.,1957, H.6, S.235-241)

Lekschas,J.: Ein Schritt zur Vernichtung des Schuldprinzips im westdeutschen Strafrecht. (St R, 1957, H.12, S.1280-1291)

Lekschas,J.: Das StEG - das mildere Gesetz im Verhältnis zu Art.6 der Verfassung. (NJ, 1958, H.3, S.82-84)

Lernell,L.: H.Gerats, Die Lehre vom Objekt des Verbrechens. Berlin 1955. 35 S. (Rez.)(P.i P.,1957, H.2, S.380-383; deutsch: RID,1958, H.3, S.78-81)

Ljass,N.W.: J.Renneberg, Die objektive Seite des Verbrechens. Berlin 1955. 62 S. (Rez.) (Vestnik Leningradskogo Universiteta, 1956, H.5, S.131-137; deutsch: RID, 1958, H.3, S.69-78)

Luther,H.: Einige Bemerkungen zu den §§ 6 und 33 JGG.(NJ, 1958,H.3, S.94-96)

Markovskij,D.: Der "strafrechtliche" Betrug und der "zivilrechtliche" Betrug. (Soc.pravo, 1957, H.8, S.21-33) 13

Mihály, M.: Verfahrensrechtliche Konsequenzen der Begegnung von Zivilrecht und Strafrecht im Falle von Adhäsion. (J.K.,1957, H.1-3, S.45-56) 18

Müller,W.: Probleme der Kriminalität der 18-21 jährigen.(Bericht über den 10.Deutschen Jugendgerichtstag in Marburg a.d.Lahn) (WZ Jena (GR),1957, H.6, S.759-767) 12

Papierkowski,Z.: Betrachtungen zur Frage der Spekulation auf der Grundlage der Bestimmungen des Gesetzes vom 13.Juli 1957.(Palestra, 1957, H.4, S.41-45)

Pohalek,G.: Das Verhältnis zwischen § 4 JGG und § 51 StGB.(St R,1957, H.12, S.1292-1313)

Pipek,J.: Die Verfolgung kleiner Entwendungen oder Schädigungen von Vermögen im sozialistischen Eigentum. (Soc.zák.,1957, H.10,S.579-591)

Piontkovskij,A.A.;V.M.Čikvadse(Tschikwadze,W.M.): Die Befestigung der sozialistischen Gesetzlichkeit und einige theoretische Fragen des sowjetischen Strafrechts und Strafverfahrensrechts.(J.K.,1957, H.7-9, S.229-238) 7

Piontkovskij,A.A.: J.Renneberg, Die objektive Seite des Verbrechens Berlin 1955. 62 S. (Vorwort russ.Ausg. Moskau 1957, deutsch: RID, 1958, H.3, S.65-69)

Polan-Haraschin,J.: Aus der Problematik der Militärverbrechen. N.P.,1957, H.12, S.72-79)

Prituzova,V.(Pritusowa,W.): Das Wesen und die Form des Sachverständigengutachtens im sowjetischen Strafprozeß.(Soc.zak,(SSSR),1957, H.12, S.29-33)

Radwanek,Z.: Die Gesetzes-Konkurrenz, die Idealkonkurrenz beim Verbrechen oder das idealkurrierende Verbrechen? (N.P.,1957, H.12, S.90-95)

Raginskij,M.;G.Min'kovskij(Minkowskij,G.): Die Gründe für die Einstellung des Verfahrens im Untersuchungsverfahren und deren Regelung. (Soc.zak.(SSSR), 1957, H.11, S.65-71)

Raškovskaja,Š.(Raschkowskaja,Sch.): Die Verantwortlichkeit für Denunziation. (Sov.jus.,1957, H.5, S.42-45)

Renneberg,J.: Die neuen Strafbestimmungen zum Schutze der Deutschen Demokratischen Republik. (NJ, 1958, H.1, S.6-12)

Roschtschin,W.N.: Die prozessuale Stellung des Verdächtigten im sowjetischen Strafprozeß. (Sov.gos.pravo, 1957,H.9,S.69-75; deutsch: RID, 1958, H.1, S.24-32)

Sacharov,A.(Sacharow,A.): Die Verantwortlichkeit für geringfügige Entwendungen sozialistischen Vermögens.(Sov.jus.,1957, H.3, S.44-47)

Savickij,V.(Sawizkij,W.): Über die gesetzliche und begründete Einstellung von Strafverfahren. (Sov.jus.,1957, H.3, S.48-52)

Savickij,V.M.(Sawizkij,W.M.): Zur Aufsicht der Staatsanwaltschaft über die Einhaltung der Gesetzlichkeit in der Tätigkeit der Ermittlungs- und Untersuchungsorgane.(Sov.gos.pravo,1957, H.5,S.106-113; deutsch: RID,1958, H.1, S.12-20) 9

Schmidt,H.: Staatsverbrechen - Schwerpunkt der Rechtsprechung in Strafsachen. (Schöffe,1958, H.1, S.13-19)

Schmidt,H.: Die Bedeutung des Strafrechtsergänzungsgesetzes und des Strafregistergesetzes. (Dem.Aufb.,1958, H.1, S.18-21)

Scholz,W.: Im Kampf um die Menschlichkeit (Betr.neue Strafgesetze der DDR.) (Weltb.,1958, H.1, S.15-19)

Schuster,G.: Zur strafrechtlichen Verantwortlichkeit jugendlicher Rechtsbrecher. (Schöffe, 1957, H.12, S.391-394)

Sljapocnikov,A.S.(Sljapoznikow,A.S.): Über die Stabilität des sowjetischen Strafgesetzes. (Sov.gos.pravo, 1957, H.12, S.14-24)

Stalev,Ž.(Stalew,Sh.): Die Nichtübereinstimmung zwischen der gerichtlichen Entscheidung und dem materiellen Recht als Grund für die Aufhebung der Entscheidung. (Soc.pravo, 1957, H.9, S.1-12) 13

Steiner,J.: Das Adhädionsverfahren nach der neuen Strafprozeßordnung. (Pr.obz.,1957, H.6, S.356-366; deutsch: RID,1958,H.1, S.1-12)

Das sozialistische Strafrecht - Vorbild für ganz Deutschland. (Schöffe, 1958, H.1, S.1-3)

Das Strafrechtsergänzungsgesetz - ein Gesetz der sozialistischen Demokratie.(Ref. des Generalstaatsanwalts auf einer Arbeitstagung am 10.Jan.1958). (NJ, 1958, H.2, S.41-49)

Stručkov,N.(Strutschkow,N.) Die Festigung der sozialistischen Gesetzlichkeit und das sowjetische Besserungsarbeitsrecht. (Sov.jus.,1957, H.4, S.43-46)

Szwarz,J.;J.Śliwovski: Kritische Bemerkungen im Zusammenhang mit dem Gesetz vom 27.April 1956 über die Bedingungen der Zulässigkeit der Schwangerschaftsunterbrechung. (Palestra, 1957,H.1, S.45-55)

Topuridze,M.(Topuridse.M.): Dem Schutz des sozialistischen Eigentums muß ständig Beachtung geschenkt werden. (Soc.zak.(SSSR), 1957,H.11, S.24-29)

Vasil'ev,A.(Wasilew,A.): Über die Vernehmung des Beschuldigten in Anwesenheit der Zeugen und Beistände. (Soc.zak,(SSSR),1957, H.12, S.25-28)

Vejnberg,V.(Wejnberg,W.): Die prozessuale Begründung, jemand als Beschuldigten heranzuziehen. (Soc.zak.(SSSR), 1957, H.11,S.47-49)

Die juristische Verantwortlichkeit für Verbrechen gegen den Frieden. (J.N., 1957,H.7, S.1289-1291)

Vieska,J.: Zur Beurteilung der Rückfälligkeit.(Soudce z lidu,1957, H.12, S.174-178)

Vladimirov,V.;A.Ignatov(Wladimirow,W.;A.Ignatow): Der Begriff der Körperverletzungen muß genau festgelegt werden.(Sov.jus.,1957,H.3, S.56-59)

Žudkov,A.;N.Čistjakov(Sudkow,A.;N.Tschistjakow): Das Recht auf Verteidigung im Stadium des Untersuchungsverfahrens.(Soc.zak.(SSSR), 1957,H.11, S.42-46)

12.Kriminalistik,Gerichtliche Medizin, Gerichtspsychiatrie-,psychologie

Avdeev,M.(Awdejew,M.): Überdas Recht des gerichtsmedizinischen Sachverständigen, die Art des unnatürlichen Todes festzustellen. (Sov.jus.,1957, H.6, S.21-25) 11

13.Zivilrecht

Antimonov,B.;K.Grave: Zur Ausarbeitung der Grundlagen der Zivilgesetzgebung der UdSSR (Fragen des Erbrechts).(Sov.jus.,1957, H.5, S.36-38)

Asztalos, L.: Der allgemeine Schadenersatz. (J.K.,1957, H.7-9,S.274-283)

Biely,K.: Einige Fragen der Verjährung.(Pr.obz.,1957, H.10, S.613-620)

Bratus', S.: Zum Verhältnis der Grundlagen der Zivilgesetzgebung der UdSSR zu den Zivilgesetzbüchern der Unionsrepubliken.(Sov.jus., 1957, H.3, S.9-15) 3

Černý,M.: Pactum de contrahendo im Zivilgesetzbuch.(Soc.zák.,1957, H.10, S.597-599)

Dobrovol'skij,G.(Dobrowolskij,G.): Streitigkeiten über das Eigentumsrecht am Wohnhaus. (Soc.zak.(SSSR), 1957, H.11, S.8-17)

Filipescu,I.: Der Unterschied zwischen dem Eigentumsrecht in der Wirtschaft eines Kollektivbauern und dem gemeinsamen Eigentumsrecht der Ehegatten. (J.N. 1957, H.7, S.1253-1260) 16,17

Grawe,K.A.: R.O.Chalfina, Das persönliche Eigentumsrecht der Bürger der UdSSR. (Sov.gos.pravo, 1955,H.6, S.117-119; deutsch: RID,1958, H.3, S.91-95)

Hrdlička,J.: Die Kündigungsgründe bei geschützten Wohnungen und die Gründe für die Lösung des Mietverhältnisses ohne Kündigung. (Soudce z lidu.,1957, H.11, S.153-157)

Kemenes,B.: Die streitigen Fragen der Regelung der Wucherverträge im Entwurf des Bürgerlichen Gesetzbuches.(J.K.,1957, H.4-6,S.141-151)

Knapp,V.: M.Posch u.a. Das Zivilrecht der Deutschen Demokratischen Republik - Sachenrecht. Berlin 1956. 340 S.(Rez.)(Pr.,1957,H.4, S.369-375; deutsch: RID,1958, H.3, S.86-91)

Kožuharoff,A.: Die Vermögenshaftung der sozialistischen rechtsfähigen Organisationen in Bulgarien.(St R, 1957, H.12, S.1249-1263)

Levina,L.: Die Mitwirkung W.I.Lenins an der Schaffung des Zivilgesetzbuches. (Sov.jus.,1957, H.2, S.53-56) 5

Piekarski,M.: Überblick über die Rechtsprechung des Obersten Gerichts in den letzten Jahren auf dem Gebiet der Allgemeinen Bestimmungen des Zivilrechts. (P.i P.,1957, H.10, S.618-624)

Ružiak,G.(Rushiak,G.): Die Bestätigung der Erbschaft und die Erbvereinbarung. (Pr.obz.,1957, H.10, S.622-626)

Schmeißer,K.: Welche Arten von Vertretern gibt es im Außenhandel? (Ahdl.,1958, H.1, S.24-25)

Sedugin,P.: Der Schadenersatz nach Art.409 des Zivilgesetzbuches der RSFSR. (Sov.jus.,1957, H.4, S.22-26)

Tadevosjan,V.S.(Tadewosjan,W.S.): Über das Wesen des sowjetischen Wirtschaftsrechts.(J.N.1957, H.7, S.1261-1273;Pr.,1957, H.10, S.912-923)

Turek,J.: Die Akzessorität und das Erlöschen des Pfandrechts. (Pr.obz.,1957, H.9, S.542-550)

14.Urheber-und Erfinderrecht

Avramov, L.(Awramow,L.): Die Vererbung des Urheberrechts.(Soc.pravo, 1956, H.10, S.46-55; deutsch: RID,1958, H.2, S.44-52)

Becker,G.: Wirtschaftspatent - Ausschließungspatent.(EuV, 1957, H.24, S.557-560)

Zur Neugestaltung der gesetzlichen Bestimmungen des Erfindungs- und Vorschlagswesens.(EuV, 1958, H.2, S.33-35)

Fleck,H.: Aufgaben und Verantwortung des Werkleiters auf dem Gebiet des gewerblichen Rechtsschutzes. (EuV, 1958, H.1, S.3-6)

Knap,K.: Über den Rechtscharakter des Urheberrechts.(Pr.,1957, H.8, S.735-743; deutsch: RID, 1958, H.2, S.33-44)

Milde,M.: Bemerkungen zum "Welturheberrechtsabkommen".(Pr.,1957,H.6, S.549-557; deutsch: RID, 1958, H.2,S.52-64)

15.Vertragssystem,Vertragsgerichtliches Verfahren

Aleksandrov-Dol'nik,M.K.(Alexandrow-Dolnik,M.K.):Zum System des sowjetischen Transportrechts. (Sov.gos.pravo, 1957, H.12,S.112-117)

Artzt,W.: Der Regreß gegen den Erfüllungsgehilfen im Rahmen des Vertragssystems.(St R, 1957, H.12, S.1229-1248) 13

Bode,H.: Für eine sinnvolle Anwendung der Regeln über die allgemeine Aufhebung des Geltendmachungszwanges bei Vertragsstrafen. (Vertr.Syst. 1957, H.6, S.18-20)

Dümde,H.: Die neue Planmethodik für den Binnenhandel und die Neuregelung der Vertragsbeziehungen zwischen sozialistischen Groß-und Einzelhandel. (WZ Leipzig,Binnenhdl.,1956/57, H.2/3,S.103-117)

Efimočkin,V.(Jefimotschkin,W.): Zur Frage der Arbitrageverhandlung über Streitigkeiten zwischen sozialistischen Betrieben.(Sov.jus., 1957, H.3, S.16-21)

Eminescu,Y.: Die Verantwortlichkeit für die nicht qualitätsgerechte Erfüllung des Liefervertrages.(J.N.,1957, H.4, S.623-640)

Fiala,K.;F.Kalous:Das neue Gesetz über die Wirtschaftsverträge der DDR. (Pr.,1957, H.10, S.930-933)

Freytag, G.: Das Vertragsgesetz und die Aufgaben des Zivilrichters. (NJ, 1958, H.2, S.52-57)

Gorski, W.: Der rechtliche Charakter des Warentransportvertrages. (P.i P.,1957, H.10, S.601-617)

Hemmerling, J.: Die vielfältigen Mittel des neuen Vertragsgesetzes konsequent und wirtschaftlich zweckmäßig anwenden.(Hdl.,1957, H.12, S.32-35)

Hemmerling, J.: Zum Inkrafttreten des Gesetzes über das Vertragssystem in der sozialistischen Wirtschaft.(Vertr.Syst. 1957,H.6,S.1-6)

Jazev, V.(Jasew,W.): Zur Änderung der rechtlichen Regelung der Produktionslieferungen.(Sov.jus.,1957,H.2, S.20-24)

Knapp, W.: Fragen der Anwendung und der Auslegung des Zivilrechts in der sozialistischen Zirkulation der Tschechoslowakei.(P.i P.,1957, H.9, S.325-336) 3

Kobr, J.: Die Konsultation der Mitarbeiter der tschechoslowakischen und der sowjetischen Arbitrage in Moskau.(Soc.zák.,1957,H.9,S.557-576)

Körner, H.: Der Liefer-und Montagevertrag im Vertragssystem der sozialistischen Wirtschaft.(Vertr.Syst.,1957,H.6, S.6-11)

Navrátil, J.: Die Vereinfachung des Verfahrens vor den Arbitrageorganen. (Soc.zák.,1957, H.10, S.613-630)

Nikolov, A.: Zur Änderung der Struktur der staatlichen Arbitrage in der Bulgarischen Volksrepublik.(Soc.pravo, 1957, H.9, S.46-55)

Osterland, R.: Garantie und Zulieferungen. (Vertr.Syst.,1957,H.6, S.11-15)

Panzer, W.: Zur Anwendung des § 278 BGB auf zwischenbetriebliche Beziehungen. (Vertr.Syst.,1958,H.1, S.8-13)

Pravolsamskaja, Z.;M.Lapirov-Skoblo(Prawolsamskaja,S.;M.Lapirow-Skoblo): Die weitere Verbesserung der Leitung der Industrie und des Bauwesens und die Fragen der Vertragsdisziplin.(Sov.jus.,1957, H.4, S.8-11)

Richter, H.: Werksgarantie oder Handelsgarantie? (Vertr.Syst.,1957, H.6, S.17-18) 13

Sárosi, D.: Verhältnis zwischen Standard und Lieferungsvertrag. (J.K.,1957, H.7-9, S.311-314)

Schneider: Die Garantie beim Einzelhandelskaufvertrag.(Vertr.Syst., 1957, H.6, S.15-17) 13

Szelényi, Z.: Standard und Lieferungsvertrag.(J.K.,1957, H.7-9,S.314-320)

Virsík, A.: Einige Gesichtspunkte der Vertragspraxis bei der Kodifizierung der Vorschriften über die Wirtschaftsverträge.(Pr.obz.,1957, H.9, S.519-530)

Vitovský, O.: Das Erlöschen der Schuld bei Bezahlung durch Überweisungs- und Inkassoauftrag.(Pr.obz.,1957,H.9,S.530-542) 10,13

Wentowski, F.: Voraussetzungen für die neue gesetzliche Regelung von Investitionsverträgen.(P.i P.,1957, H.9, S.368-376)

Winkler, H.J.: Das Vertragsgesetz - ein Gesetz des neuen sozialistischen Zivilrechts.(Aus dem Bericht des Rechtsausschusses der Volkskammer vom 11.Dezember 1957) (NJ, 1958, H.1, S.19-21)

Winkler, H.J.: Neues Vertragsgesetz beschlossen.(DFW,1958, H.1, S. 2-4)

Zirin, A.: Einige Bemerkungen zur Frage des Schadenersatzes in den Lieferbeziehungen zwischen sozialistischen Organisationen. (Pr.obz.,1957, H.9, S.550-565)

16.LPG-Recht, Bodenrecht

Arlt, R.: I.W.Pawlow;L.N.Bachowkina, Das kollektivwirtschaftliche Eigentumsrecht in der UdSSR; M.I.Kosyr,Die Objekte des kollektivwirtschaftlichen Eigentumsrechtes.(Rez.) (St R, 1957, H.12, S.1314-1321)

Nágy, L.: Über die Statuten der landwirtschaftlichen Produktionsgenossenschafter.(J.K.,1957, H.1-3,S.32-37)

Pankratov, I.F.: Neues über die rechtliche Regelung der materiellen Versorgung der nicht arbeitsfähigen Mitglieder von Kollektivwirtschaften.(Sov.gos.pravo.,1958, H.1, S.35-42) 19

Rožin, V.(Roshin,W.): Über die Erfassung der Arbeitszeit der Kollektivbauern. (Vopr.ekon.,1957, H.8, S.151-155)

Sedunov, K.I.: Die zivilrechtlichen Formen der Elektrifizierung der Kollektivwirtschaften.(Sov.gos.pravo, 1957, H.12,S.46-55) 13

Seres, I.: Bodeneigentum der Landwirtschaftlichen Produktionsgenossenschaften. (J.K.,1957, H.4-6,S.126-134)

17.Familienrecht

Chrakovskij, S.(Chrakowskij,S.): Die rechtlichen Folgen der Nichtigkeitserklärung der Ehe. (Sov.jus.,1957, H.7, S.32-33)

Ianconescu, I.B.: Die Feststellung der Vaterschaft und die Blutgruppenuntersuchung. (J.N.,1957, H.4, S.647-653) 12

Jansen, F.: Einige Bemerkungen zum Unterhaltsrecht des nichtehelichen Kindes. (Jug.Heimerz.,1957, H.12, S.532-542)

Pergament, A.: Zum Entwurf des Ehe- und Familiengesetzbuches der RSFSR. (Sov.jus.,1957, H.4, S.36-38)

Szer, S.: Fragen der Kodifizierung des Familienrechts. (N.P.,1957, H.12, S.24-35)

Vámoš, P.: Zur Frage der Rechtsbeziehungen der Ehegatten zum Vermögen, das vor dem 1.1.1950 erworben wurde. (Soc.zák.,1957, H.10, S.610-612)

Wislocki, J.: Das Kind und die Ehescheidung. (Palestra, 1957,H.2, S.39-54)

Wolter,A.: Das gemeinschaftliche Vermögen der Ehegatten de lege ferenda. (P.i P.,1957, H.10. S.558-571)

18.Zivilprozeß(einschließlich Familienrechtliches Verfahren)

Aparnikova,C.: Die Ausnutzung und Prüfung der Beweisstücke im Zivilprozeß. (Soc.zak,(SSSR), 1957, H.12, S.42-46)

Badkowski,A.: Für eine Reform der Zivilprozeßordnung.(Palestra, 1957, H.3, S.42-47)

Dobrovol'skij,A.(Dobrowolskij,A.): Zur Ausarbeitung der Zivilprozeßordnung der RSFSR. (Sov.jus.,1957, H.3, S.22-27)

Farkas,J.: Über die Reform der Zivilprozeßordnung.(J.K.,1957,H.4-6, S.165-176)

Judel'son,K.(Judelson,K.): Über die Vollmachten der Gerichtsorgane im Zivilprozeß. (Soc.zak.(SSSR), 1957, H.11, S.32-36)

Krajewski,J.: Die Prozeßfähigkeit der minderjährigen Mutter im Prozeß zur Feststellung der Vaterschaft.(N.P.,1957, H.12, S.121-124)

Krzemiński,Z.: Der Einwand der Gegenseitigkeit im Ehescheidungsprozeß. (Palestra,1957, H.1, S.56-72) 17

Kurylev,S.V.(Kuriljew,S.W.): Über das Klagerecht.(Sov.gos.pravo, 1958, H.1, S.53-61)

Ostrouchova,V.M.(Ostrouchowa,W.M.): Zu einigen Mängeln der Prozeßgesetzgebung in Ehescheidungssachen. (Sov.gos.pravo, 1957, H.12, S.97-103)

Penčev,I.G.(Pentschew,I.G.): Das Recht nach Artikel 288,Abs.II der Zivilprozeßordnung. (Soc.pravo, 1957,H.9, S.56-66)

Pfeiffer,G.;H.Nathan: Nachprüfung des Kostenurteils im Festsetzungsverfahren? (NJ,1958, H.2, S.65-67)

Protasov,A.: Die Fehler in der Verhandlung über Zivilsachen müssen beseitigt werden. (Sov.jus.,1957, H.6, S.26-29)

Stypulkowska,M.: Der Umfang der Rechte des Staatsanwalts im Zivilverfahren, (N.P.,1957, H.12, S.61-71)

19.Arbeitsrecht und Arbeitsrechtliches Verfahren

Aleksandrov,N.(Alexandrow,N.): Zur Ausarbeitung des Arbeitsgesetzbuches. (Sov.jus.,1957, H.2, S.25-29)

Sozialistische Beziehungen und Arbeitsmoral - Quellen der Überlegenheit des Sozialismus. (Arb.,1958, H.1, S.15-20)

Borowska,M.: Die Belegschaft und der Arbeiterrat.(Nowe Drogi,1958, H.2, S.82-95)

Chládek,J.: Die Zuständigkeit des Gerichts in Streitigkeiten aus dem Arbeitsverhältnis. (Soc.zák.,1957, H.10, S.601-604)

Garlicki,S.: Unfälle bei der Berufsausbildung. (Palestra, 1957, H.4, S.46-65)

Gläser,G.: Die Beendigung des Arbeitsrechtsverhältnisses durch Aufhebungsvertrag. (Arb.,1958, H.2, Beil., S.1-4)

Hellmann,I.: Änderungsvorschläge zur Konfliktkommissionsverordnung. (ArbR, 1957, H.12, S.319-320)

Kaftanovskaja,A.;R.Livšic(Kaftanowskaja,A.;R.Liwschiz): Zur Neuregelung der Verhandlung über Arbeitsstreitigkeiten. (Sov.jus.,1957,H.3, S.28-31)

Kirschner,G.: Die Verantwortlichkeit bei Verletzung der Bestimmungen zum Schutze der Arbeitskraft. (ArbR.,1958, H.1, S.18-19)

Kiselev,Ja.L.: Neues aus der Praxis des Abschlusses von Kollektivverträgen. (Sov.gos.pravo, 1957, H.12, S.36-45)

Knobloch,H.: Das Weisungsrecht der Werkleiter in den sozialistischen Betrieben. (ArbR.,1958, H.2, S.36-40)

Kowollik,B.: Arbeitsvertrag und Arbeitsrechtsverhältnis.(A.u.S.,1958, H.2, S.54-56; H.3, S.85-87)

Krummschmidt,G.: Die materielle Verantwortlichkeit der Werktätigen. (A.u.S.,1958, H.1, S.21-22)

Kunz,F.: Die in der Arbeitsordnung des sozialistischen Betriebes enthaltenen Auszeichnungen dürfen nicht länger unterschätzt werden. (ArbR.,1958, H.1, S.1-4)

Kunze,E.: "Sozialreformer" blasen zum Angriff. (Soz.Vers.,1957,H.12, S.188-189)

Listopadov,P.u.a.: Zur Neuregelung der Verhandlung über Arbeitsstreitigkeiten. (Sov.jus.,1957, H.5, S.49-54)

Löhn,H.: Zu einigen Grundfragen der Arbeitsproduktivität und des Lohnes. (A.u.S.,1958, H.2, S.34-37; H.3, S.66-69)

Nowak,K.: Die Streikaktion und -problematik in der Deutschen Bundesrepublik bis Ende 1956. (Przegl.zach.,1957, H.5, S.11-42)

Paasch,W.: Durchschnittsverdienst und Durchschnittslohn (Schluß). (A.u.S., 1957, H.23, S.728-731)

Panjugin,V.: Neues aus der Gerichtspraxis in bezug auf die Verhandlung über Arbeitsstreitigkeiten. (Soc.zak,(SSSR), 1957, H.12, S.5-12)

Paul,H.: Lohnausgleichszahlung bei mehreren Arbeitsrechtsverhältnissen. (A.u.S.,1957, H.23, S.725-727)

Piotrowski,W.: Über verschiedene Rechte der aus der Verwaltung entlassenen Angestellten. (N.P.,1957, H.12, S.80-89) 2

Renneberg,B.: Zur Neuregelung der Bezahlung der westdeutschen Arbeiter im Krankheitsfalle. (ArbR.,1958, H.1, S.4-9)

Román,L.: Ein Versuch zur Abgrenzung des Lehrlingsverhältnisses vom Arbeitsrechtsverhältnis.(J.K.,1957, H.4-6, S.154-164)

Rudelt,W.: Die Entwicklung des Arbeitsrechts und die Festigung der sozialistischen Gesetzlichkeit. (Arb.,1958, H.1 (Beil.), S.1-6)

Rühl,H.: Zum Gegenstand des Sozialversicherungsrechts.(ArbR.,1957, H.12, S.320-321)

Schönenberg,H.;F.Major: Gibt es im Arbeitsrecht bei Arbeitsunfall einen Anspruch auf Schmerzensgeld? (ArbR.,1957, H.12, S.314-316)

Die Bekanntgabe der Schwerbeschädigten-Eigenschaft an den Betrieb. (A.u.S.,1957, H.24, S.756-758)

Švejcer,D.(Schwejcer,D.): Zur Kodifikation der Arbeitsgesetzgebung. (Soc.zak.(SSSR), 1957, H.11, S.37-41)

Świecicki,M.: Die rechtliche Charakteristik des Arbeitsverhältnisses. (P.i P.,1957, H.9, S.337-357)

Die Stellung, Rechte und Pflichten der Verkaufsstellenleiter. (Hdl.,1958, H.1, S.59-62; H.2, S.121-124)

Walther,K.: Die arbeitsrechtlichen Interessenvertretungen in kirchlichen Einrichtungen. (Arb.,1958, H.2 (Beil.), S.4-7)

Waßmund,H.J.: Arbeitsvertrag und Arbeitsrechtsverhältnis.(ArbR.,1958, H.1, S.16-17)

Witzmann,M.: Die Verantwortlichkeit der Betriebe und Institutionen bei Betriebsunfällen. (J.N.,1957, H.7, S.1238-1253)

20.Internationales Privatrecht

Balicki,J.: Bemerkungen zur vorgeschlagenen Methode der Ergänzung von Lücken im Gesetz über das internationale Privatrecht.(P.i P., 1957, H.9, S.436-442) 3

Trammer,H.: Die sogen."einseitigen Kollisionsnormen" des internationalen Privatrechts. (Čas.pro mez.pr. 1957, H.4, S.354-358)

21.Sonstiges

Dahlem,F.: Probleme der sozialistischen Entwicklung unserer Universitäten, Hoch- und Fachschulen.(Forum,Wiss.Beil.,1958, H.7,S.1-8)

Käbel,F.: 40 Jahre sozialistisches Hochschulwesen in der Sowjetunion. (Forum,Wiss.Beil.,1957, H.24, S.1-4)

Toptschijew,A.: Der Aufbau des Kommunismus und die Wissenschaft. (Sov.Wiss.(GB), 1958, H.1, S.1-18)

B. BIBLIOGRAPHIE AUS ZEITSCHRIFTEN DER DEUTSCHEN BUNDESREPUBLIK

Diese Bibliographie enthält eine Auswahl einschlägiger Artikel aus folgenden Zeitschriften: 1)

Abkürzung	Zeitschrift	Jahrgang/Heft
AcP	= Archiv für die civilistische Praxis, Tübingen	1957,Bd.156,H.6 1958,Bd.157,H.1
AG	= Der Arbeitgeber, Düsseldorf	1957,H.21-24 1958,H.1-3
ArbuR	= Arbeit und Recht, Köln	1957,H.11-12 1958,H.1
Arch.f.Krim.	= Archiv für Kriminologie, Lübeck	1957,Bd 120,H.5/6
ARSP	= Archiv für Rechts- und Sozialphilosophie, Meisenheim/Glan	1957,Bd 43,H.4
ASP	= Arbeit und Sozialpolitik, Frankfurt/M., Bonn	1957,H.11-12
AUSS.POL.	= Außenpolitik, Stuttgart	1957,H.12 1958,H.1
AVö	= Archiv des Völkerrechts, Tübingen	1957,Bd 6,H.4
B	= Der Betrieb, Düsseldorf	1957,H.45-52 1958,H.1-5
BB	= Der Betriebsberater, Heidelberg	1957,H.31-36 1958,H.1-4
Betr.Verf.	= Die Betriebs-Verfassung, Frankfurt/M.	1957,H.9-12
DÖV	= Die Öffentliche Verwaltung, Stuttgart	1957,H.30-33 1958,H.1-2
DRiZ	= Deutsche Richterzeitung, Köln, Berlin	1957,H.12 1958,H.1-2
Dtsch.Z.gerichtl.Med.	= Deutsche Zeitschrift für die gesamte gerichtliche Medizin, Berlin	1957,Bd 46,H.4
DVBl.	= Deutsches Verwaltungsblatt, Köln, Berlin	1957,H.23/24 1958,H.1-3
DWW	= Deutsche Wohnungswirtschaft, Düsseldorf	1957,H.11-12
EA	= Europa-Archiv, Frankfurt/M.	1957,H.19-24 1958,H.1-2
GAStr.	= Goltdammer's Archiv für Strafrecht, Hamburg	1957,H.12 1958,H.1-2
Gew.Mon.H.	= Gewerkschaftliche Monatshefte, Köln	1957,H.11-12 1958,H.1-2
GRUR	= Gewerblicher Rechtsschutz und Urheberrecht, Weinheim	1957,H.11-12
GRUR Ausl.	= Gewerblicher Rechtsschutz und Urheberrecht, Auslands-und Internationaler Teil, Weinheim	1957, H.10-12

JfIR	= Jahrbuch für Internationales Recht, Göttingen	1957,Bd 7,H.1-3
JZ	= Juristenzeitung, Tübingen	1957,H.24, 1958,H.1-3
Krim.	= Kriminalistik, Zeitschrift für die gesamte kriminalistische Wissenschaft und Praxis, Hamburg	1957,H.12 1958,H.1-2
Mbl.freiheitl.Wipol.	= Monatsblätter für freiheitliche Wirtschaftspolitik, Frankfurt/M.	1957,H.8-10,12 1958,H.1-2
MDR	= Monatsschrift für Deutsches Recht, Hamburg	1957,H.12 1958,H.1-2
Mitbest.	= Die Mitbestimmung, Hamburg	1957,H.6
Mschr.Krim.	= Monatsschrift für Kriminologie und Strafrechtsreform, Berlin, Köln	1957,H.7/8
N.Abendl.	= Neues Abendland, Jahrbuch für Politik und Geschichte, München	1957,H.4
NJW	= Neue Juristische Wochenschrift,München	1957,H.47-52 1958,H.1-5
Öff.D.	= Der Öffentliche Dienst, Düsseldorf ...	1957,H.11-12
	Politische Studien,Monatshefte der Hochschule für Politische Wissenschaften, München	1957,H.91-92 1958,H.93
RabelsZ.	= Zeitschrift für ausländisches und internationales Privatrecht, Berlin	1957,H.2
RdA	= Recht der Arbeit, München, Berlin	1957,H.11 1958,H.1
RdJ	= Recht der Jugend, Berlin	1957,H.23-24 1958,H.1-3
RdL	= Recht der Landwirtschaft, Hamburg	1957,H.12 1958,H.1
RiW	= Recht der internationalen Wirtschaft, Heidelberg	1957,H.11-12 1958,H.1
SchlHA.	= Schleswig-Holsteinische Anzeigen,Kiel	1957,H.12 1958,H.1
SCHM.JB.	= Schmollers Jahrbuch für Gesetzgebung,Verwaltung und Volkswirtschaft, Berlin ..	1957,H.6
SKV	= Staats- und Kommunalverwaltung,Berlin	1957,H.12 1958,H.1-2
Soz.Sicherh.	= Soziale Sicherheit, Zeitschrift für Sozialpolitik, Köln	1957,H.11-12
TW	= Die Teilzahlungswirtschaft, Dortmund .	1958,H.1
UFITA	= Archiv für Urheber-,Film-,Funk-und Theaterrecht, Baden-Baden	1957,Bd 24,H.5/6 1958,Bd 25,H.1/2

VerwArch.	= Verwaltungsarchiv, Köln, Berlin	1958,H.1
Vjh.Zeitgesch.	= Vierteljahrshefte für Zeitgeschichte, Stuttgart	1958,H.1
WRP	= Wettbewerb in Recht und Praxis, Frankfurt/M.	1957,H.11-12 1958,H.1
WuW	= Wirtschaft und Wettbewerb, Düsseldorf .	1957,H.12 1958,H.1
Z.ausl.öff.R.u.VR.	= Zeitschrift für ausländisches öffentliches Recht und Völkerrecht,Stuttgart, Köln	1957,Bd 18,H.2
Zbl.JugR.	= Zentralblatt für Jugendrecht und Jugendwohlfahrt, Köln, Berlin	1957,H.11-12
ZLR	= Zeitschrift für Luftrecht, Berlin,Köln	1958,Bd 7,H.1
ZMR	= Zeitschrift für Miet- und Raumrecht, Düsseldorf	1957,H.12 1958,H.1-2
Z.POLIT.	= Zeitschrift für Politik, Berlin	1957,H.3
ZSR	= Zeitschrift für Sozialreform, Wiesbaden	1957,H.10-12 1958,H.1
ZV u.ZV.	= Zeitungs-Verlag und Zeitschriften-Verlag, Wiesbaden	1957,H.23-24 1958,H.1-3 Sonderheft z.3
ZZP	= Zeitschrift für Zivilprozeß, Berlin ...	1957,H.6

1) Die hier aufgeführten Hefte sind gemäß der Benutzungsordnung der Bibliothek des Deutschen Instituts für Rechtswissenschaft bedingt ausleihfähig.

1.Soziologie,allgemeine Staatslehre,Rechtsphilosophie [1)]

Abadan, Y.: Rechts- und Sozialphilosophie in der Türkei.(ARSP,1957, Bd 43,H.4, S.519-530)

Bevan,A.: Die Labour Party und die Wasserstoffbombe. (Rede)(EA,1957, H.20/21, S.10272-10276)

Debatin,O.: Krise und Tragik unserer Demokratie.(Mbl.freiheitl.Wipol, 1958, H.1, S.13-18)

Flechtheim,O.K.: Das britische und amerikanische Parteisystem - ein Vergleich. (AUSS.POL.,1957, H.12, S.751-759)

Hoeres,W.: Brockmöllers Liquidierung des Abendlandes.(N.Abendl.,1957, H.4, S.339-347)

Kempski,J.von: Gedanken zu einer Strukturtheorie des Rechts.(ARSP, 1957, Bd 43,H.4, S.471-485)

Kröll,M.: Um die Einheit der Sozialwissenschaften.(SCHM.JB.,1957, H.6, S.1-29)

Kuehl,M.: Die exilierte deutsche demokratische Linke in USA. (Z.Polit.,1957,H.3, S.273-289)

Leverenz: Über den Beruf und die Berufung des Richters.(SchlHA., 1958, H.1, S.1-3)

Paetel,K.O.: Otto Strasser und die Schwarze Front des wahren Nationalsozialismus. (Politische Studien, 1957,H.92, S.269-281)

Warnke,J.: Der Poujadismus - ein Beitrag zur Verwirrung in der französischen Innenpolitik. (Politische Studien, 1957, H.92, S.302-312)

2.Staats-und Rechtsgeschichte

Dorn,W.L.: Die Debatte über die amerikanische Besatzungspolitik für Deutschland (1944 bis 1945). (Vjh.Zeitgesch.,1958, H.1, S.60-77)

Genzmer,E.: Der Neue Savigny. (JZ, 1957, H.24, S.737-740)

Witte,F.W.: Die Staats- und Rechtsphilosophie des Hugo von St.Viktor. (ARSP, 1957, Bd 43,H.4, S.555-574)

3.Völkerrecht und Außenpolitik

Abs,H.J.: Der Plan einer Magna Charta zum Schutze von Auslandsrechten. (RiW.,1957, H.11, S.229-230) 12

Baade,H.W.: Die Bundesrepublik Deutschland und die baltischen Staaten. (JfIR.,1957, Bd 7, H.1, S.34-68)

1) Die nach der Fundstelle eines Artikels angegebenen Zahlen verweisen auf die Bedeutung dieses Artikels auch für andere Fachgebiete entsprechend der hier zugrunde gelegten Systematik.

Baade,H.W.: Intertemporales Völkerrecht.(JfIR, 1958,H.2/3, S.229-256)

Bailey,R.: Die britische Einstellung zum Gemeinsamen Markt und zur Freihandelszone. (AUSS.POL.,1957,H.12, S.760-768)

Biskup: Die soziale Entwicklung in der Montan-Union.(ZSR, 1957, H.11, S.309-311) 16,17

Constantopoulos,D.S.: Les raisons de la crise du Droit de la guerre. (JfIR,1957, Bd 7, H.1, S.22-33)

Die Ergebnisse der Besprechungen zwischen Präsident Eisenhower und Premierminister Macmillan in Washington vom 23.bis zum 25.Oktober 1957.(Betr.Erklärung der gemeins.Ziele Großbritanniens u.der USA). (EA,1957, H.22, S.10321-10323)

Freudenberg, R.: Die Autonome Republik Togo. Statut und völkerrechtliche Stellung. (Mit Dok.)(Z.ausl.öff.R.u.VR.,1957,Bd 18,H.2, S.287-323)

Die großen Dinge sind's (NATO und Gemeinsamer Markt).(AG,1958,H.1/2, S.1-4)

Gersdorff,R.C.Frhr.von: Der Johanniterorden. (Politische Studien, 1958, H.93, S.36-44)

Haupt,P.: Die Problematik der "Technischen Hilfe". (Gew.Mon.H.,1957, H.12, S.727-731)

Hirsch,H.: Amerikas diplomatische Behandlung des Saarproblems. (JfIR, 1957,Bd 7, H.1, S.69-85)

Huber,K.: Die friedliche Verwendung der Atomenergie in Frankreich und die französische Stellungnahme zur Europäischen Atomgemeinschaft. (EA,1957, H.23/24, S.10335-10350)

Keiser,G.: Die Verhandlungen über die Errichtung einer europäischen Freihandelszone. Eine Zwischenbilanz zur Jahreswende 1957/58. (EA,1958, H.1, S.10423-10430)

Kissinger,H.A.: Der Einfluß der modernen Rüstungstechnik auf die nationale und kollektive Strategie und Diplomatie. (EA,1957,H.20/21, S.10233-10242)

Münch,F.: Tätigkeit der Vereinten Nationen in völkerrechtlichen Fragen. (AVö, 1957,Bd 6, H.4, S.439-467)

Oda, S.: New Trends in the Regime of the Seas. A Consideration of the Problems of Conservation and Distribution of Marin Resources.T.2. (Z.ausl.öff.R.u.VR.,1957,Bd 18,H.2, S.261-286)

Pinto,R.: Die Suezkrise - Rechtliche Streitfragen. (JfIR, 1957, Bd 7,H.1, S.1-21)

Prellwitz,J.von: Der politische Aspekt des argentinischen Erdölproblems. (Z.POLIT.,1957, H.3, S.225-237)

Proebst,H.: Innenpolitische Problematik deutscher Außenpolitik. (AUSS.POL.,1958, H.1, S.3-10) 4

Rauschning,D.: Rechtsprobleme der Suezkanal-K.ise. (JfIR,1958, H.2/3, S.257-282)

Rodens, F.:o Dänemark und Deutschland. (AUSS.POL.,1957, H.12,S.788-799)

Sauveplanne, J.G.: Die Schiedsgerichtsbarkeit in der Benelux. (JfIR.,1957, Bd.7,H.1, S.86-96)

Schwarzenberger,G.: Formen und Funktionen übernationaler Integrationen in der heutigen Welt. (EA,1957, H.22, S.10299-10304)

Schütz,W.W.: Die außenpolitische Bedeutung der Wiedervereinigungsarbeit. (AUSS.POL.,1958, H.1, S.10-19) 4

Notenwechsel zur Frage der Sicherheit im Mittleren Osten.(Mit Dok.) (EA.,1957, H.22, S.10316-10321)

Streiter,G.: Die Gemeinsame Versammlung der EGKS vor dem Abschluß der Übergangszeit. (EA, 1957, H.23/24, S.10351-10356)

Umbricht,V.: Die Schweiz und die Weltbank. (WuR,1957, H.3, S.153-172) 6

Visscher,P.de: Colloque sur l'enseignement du droit international. (Genève, 13-15août 1956). (AVö, 1957, Bd 6, H.4, S.470-481)

Vocke,K.: Politische Gefahren der Theorien über Deutschlands Rechtslage. (EA, 1957, H.19, S.10199-10215) 1,4

Weinbuch,H.: Israel und die Schiffahrtsrechte im Golf von Acaba. (Z.POLIT.,1957, H.3, S.212-224)

Welf Heinrich von Hannover: Recht im Weltraum. (Politische Studien, 1957, H.91, S.213-220) 4

Was kostet die Wiedervereinigung Deutschlands? (Ausz.aus dem Bericht über die internat.Konferenz an der Universität Princeton vom 19.bis zum 29.Juni 1957). (EA, 1957, H.20/21, S.10276-10279) 4

4.Staatsrecht

Abderhalden,E.: Die Rechtsprechung des Bundesgerichtes zu den Wirtschaftsartikeln der Bundesverfassung. (WuR.,1957, H.4, S.299-313)

Barkeley,R.: Die Entwicklung und Stellung der politischen Parteien im englischen Verfassungsrecht. (Jb.Öff.R.,1956,Bd 5, S.221-253)

Bauer,R.: Die Neugliederung der Indischen Union im Jahre 1956. (Z.ausl.öff.R.u.VR.,1957, Bd 18,H.2, S.345-394)

Bullinger,M.: Das Ausmaß der Bindung an das Konkordatsurteil des Bundesverfassungsgerichts. (DVBl.,1958, H.1, S.10-13)

Fischerhof,H.: Atomgesetze der Bundesländer. Eine Übersicht.(DÖV, 1958, H.1-2, S.16-20)

Fonk,H.J.: Zuständigkeit der Länder für den Erlaß von Rechtsvorschriften auf dem Gebiet des Strahlenschutzes.(DÖV,1958,H.1-2,S.20-27)

Frankenfeld,A.: Weltbilanz der Pressefreiheit. (ZV u.ZV.,1958, H.1, S.1-3) 7

Friesenhahn,E.;K.J.Partsch: Regierung und Parlament im modernen Staat. (DVBl.,1958, H.1, S.15-17)

Gelzer: Echte und unechte Selbstverwaltung. (DVBl.,1958, H.3,S.87-89)

Giese,F.: Gibt es eine wirksame Bekämpfung der Auswüchse der Presse-, Rundfunk- und Filmfreiheit? (Z.POLIT.,1957, H.3, S.238-248)

Hermens,F.A.: Die Wahlrechtsentwicklung der Nachkriegszeit in Frankreich, Italien und Griechenland. (Jb.Öff.R., 1956,Bd 5, S.255-299)

Heydte,F.A.v.d.: Die katholische Kirche in Deutschland und das Konkordatsurteil des Bundesverfassungsgerichts. (Z.POLIT.,1957, H.3, S.203-212)

Hirche,K.: Gewerkschafter im Bundestag. (Gew.Mon.H.,1957, H.12, S.705-710) 16

Korte,H.: Verfassung und Verwaltung des Landes Niedersachsen.(Mit Text der Verf.v.13.April 1951 i.d.F.v.29.II.56) (Jb.Öff.R.,1956, Bd 5, S.1-158)

Köttgen,A.,F.Ermacora: Die Organisationsgewalt.(Leitsätze). (DVBl.,1958, H.1, S.17-19)

Liddell Hart,B.H.: "Überstrategie" (Betr.Militarisierung des Staates). (AUSS.POL.,1958, H.1, S.29-35)

Meiser,F.: Die Rechtsbereinigung in Bayern. (DRiZ, 1958,H.1,S.13-16)

Meyer,A.: Rechtliche Möglichkeiten von Schranken gegenüber der Ausübung einer Luftreklame. (ZLR, 1958, H.1, S.45-54) 12

Ohgushi,T.: Die japanische Verfassung vom 3.November 1946. (Mit Text). (Jb.Öff.R.,1956, Bd 5,S.301-328)

Schultz,L.: Die Verfassungsentwicklung der Volksrepublik China seit 1949. (Mit Text v.20.Sept.1954) (Jb.Öff.R.,1956, Bd 5,S.329-365)

Schunk,E.: Die Verfassung für Rheinland-Pfalz vom 18.Mai 1947. (Mit Text). (Jb.Öff.R.,1956, Bd 5,S.159-201)

Schuster,H.: Die Bundestagswahl und das Zweiparteiensystem. (Politische Studien, 1957, H.91, S.247-254)

Sigloch,H.: Vorläufige Geltung verfassungswidriger Gesetze?(JZ,1958, H.3, S.80-82)

Stockhausen,H.W.von: Die Teilung Indiens und der Kaschmirkonflikt. T.2. (Politische Studien, 1957, H.92, S.282-296)

Strauß, W.: Aus der Gesetzgebungsarbeit des Bundesjustizministeriums. Rückblick und Ausblick. (DRiZ, 1958, H.1, S.2-4)

Studnitz, H.G.von: Die Versuchungen des Forschungsbeirates.(Betr. Wiedervereinigung). (AUSS.POL.,1958, H.1, S.19-28)

Zieger,G.: Die rechtliche Bedeutung der Meistbegünstigungsklausel im Ost-West-Handel. (EA, 1958,H.2, S.10463-10470)

5.Verwaltungsrecht und Verwaltungsgerichtsverfahren

Bachof,O.: Das Ende des deutschen Verwaltungsrechts? - Zur Revisibilität der ungeschriebenen Grundsätze des allgemeinen Verwaltungsrechts. (DÖV, 1958, H.1-2,S.27-29)

Bachof,O.;C.H.Ule: Nochmals: Verwaltungsverfahren und Verwaltungsgerichtsbarkeit. (DVBl.,1958, H.1, S.6-10)

Ballerstedt,K.: Grundprobleme des Rechtes der Konzessionsabgaben. (BB, 1958,H.4, S.125-131)

Baring: Polizei- und Ordnungsrecht in der Praxis der Verwaltungsgerichte. (DVBl.,1957, H.23/24, S.843-851)

Becker, W.: Rechtsfragen bei der Anerkennung der Förderungswürdigkeit von Jugendgemeinschaften und Jugendgruppenleitern.(RdJ,1958, H.2, S.18-21)

Behr,W.: Der Beamte und die Politik. (Gew.Mon.H.,1957,H.11,S.646-650) 4

Benvenuti,F.: Die italienische Verwaltung und der Entwurf eines Gesetzes über das Verwaltungsverfahren. (VerwArch, 1958,H.1, S.1-13)

Berner, G.: Wandlungen des Polizeibegriffs seit 1945. (DVBl.,1957, H.23/24, S.810-819)

Bettermann:Verwaltungsakt und Rechtsmittelbescheid als Gegenstand der Anfechtungsklage. (NJW, 1958, H.3, S.81-86)

Brünneck,W.von: Teilregelung des Luftschutzrechtes. (BB,1957, H.33, S.1153-1157) 4,10,16

Couvé, R.: Möglichkeiten und Grenzen der Verwaltungsvereinfachung. (Gew.Mon.H., 1957, H.11, S.651-655)

Ehlers,K.: Requisition und Aufopferungsanspruch. (NJW, 1958,H.5, S.161-164)

Féaux de la Croix: Das Kriegsfolgenschlußgesetz. T.2. (NJW, 1957, H.47, S.1743-1748) 6

Freier,D.: Jugendpflege und Jugendverbände in den USA. - Ein Vergleich mit deutschen Verhältnissen. (RdJ, 1958, H.2, S.21-25)

Fröhler,L.: Zur Abgrenzung von Handwerk und Industrie. (BB,1957, H.32, S.1127-1129)

Fuchs,M.: Bürokratie und Verwaltungsreform. (Gew.Mon.H.,1957,H.11, S.656-660)

Gieseler,W.: Schutz der Jugend in der Öffentlichkeit.(SKV,1958,H.2, S.35-36)

Goldmann,G.: Die Aufgaben des Juristen in der Kommunalverwaltung. (SKV, 1957,H.12, S.273-276)

Haarmann,W.: Die Neuregelung des Beschlußverfahrens in Nordrhein-Westfalen. (DVBl.,1958, H.1, S.1-6)

Hamann,A.: Enteignung von Grundstücken zu Gunsten größerer industrieller Vorhaben. (BB,1957, H.35/36, S.1258-1259) 4,10

Hamel,W.: Das Recht zur freien Berufswahl. (DVBl.,1958, H.2, S.37-44)

Has,A.: Ausschüsse in der Verwaltung.(VerwArch,1958, H.1, S.14-32)

Heckel,H.: Die Rolle des Juristen in der Fachverwaltung.(DÖV,1958, H.1-2, S.29-31)

Henrichs: Die Amtshaftung gegenüber de-facto-Staatenlosen.(NJW,1958, H.3, S.89-90)

Hirschmann,K.: Der Weg zum Rechtspflegeministerium. Ein Beitrag zur Stellung der Verwaltungsgerichtsbarkeit im Rechtsstaate.(DRiZ,1958, H.1, S.6-13)

Hurst,W.: Grundlagen der Anstaltshaftung und Möglichkeiten einer Haftungsbeschränkung. (SKV, 1958, H.2, S.33-35) 10

Janberg,H.: Gedanken zum Aufbau des westdeutschen Bankwesens.(B,1957, H.51/52, S.1237-1239) 10

Kern,E.: Zur heutigen Grundlagenproblematik des Verwaltungsrechts. (ARSP, 1957, Bd 43,H.4, S.505-518)

Keßler, E.: Zur Fortbildung im Bundesdienst der USA.(DVBl.,1958,H.2, S.49-53)

Keßler,G.: Zur kommunalpolitischen Lage.(SKV,1958,H.1, S.1-4)

Krauthausen:Staats- und Selbstverwaltung im Bereich der öffentlichen Sicherheit und Ordnung. (DVBl.,1957, H.23/24, S.832-843)

Langula,E.: Zum Problem der abträglichen Vermerke in Personalakten. (SKV, 1958, H.1, S.6-9) 16

Löffler,M.: Darf die Verwaltung in das Grundrecht der Pressefreiheit eingreifen? (DÖV.,1957, H.33, S.897-900) 4

Loschelder, W.;H.Klüber: Die Wahrung der öffentlichen Sicherheit und Ordnung in ihrem Verhältnis zur Leistungsverwaltung. (DVBl.,1957, H.23/24, S.819-832)

Mauerhofer,H.: Probleme einer schweizerischen Filmgesetzgebung. (WuR.,1957, H.4, S.255-263)

Mey,A.: Die Entwicklung der Verwaltung und der Stand der verwaltungswissenschaftlichen Forschung in den Niederlanden.(VerwArch,1958,H.1, S.33-47)

Morstein Marx,F.: Amerikanisches Schrifttum zur öffentlichen Verwaltung. (VerwArch,1958, H.1, S.48-72)

Nordalm: Zur Änderung des Bergrechts. (RdL, 1958,H.1, S.5-7) 13

Paul,H.: Die Amtsverschwiegenheit der Ratsherren und Gemeindebediensteten. (SKV, 1958, H.1, S.4-5)

Potrykus,G.: Das Reichsjugendwohlfahrtsgesetz von 1921 bis 1953. Vom Schicksal eines Gesetzes. (RdJ, 1958,H.1, S.7-10)

Rautenberg,J.: Perfektionismus in der Verwaltungsgerichtsbarkeit. (NJW, 1958, H.5, S.164-167)

Reuter,W.: Grundlage und Form des Beamtentums. (Gew.Mon.H.,1957, H.11, S.641-645)

Rietdorf,F.: Das erste Vereinfachungsgesetz - Ein wichtiger Schritt auf dem Weg zur weiteren Verwaltungsreform in Nordrhein-Westfalen. (DÖV, 1957,H.31, S.841-853)

Schütz,E.: Nichtigkeit und Rücknahme der Ernennung zum Beamten, Verlust der Beamtenrechte. (Öff.D.,1957, H.11, S.201-207)

Schütz,E.: Entlassung und Entfernung aus dem Dienst im Beamtenrecht. (Öff.D., 1957, H.12, S.224-229)

Strickrodt,G.: Zur allgemeinen Rechtslehre des Kernenergiewesens. (DÖV, 1958, H.1-2, S.2-16)

Thiele,W.: Gehören Mitteilungen in Strafsachen in die Personalakten? (Betr.: Beamte) (Öff.D.,1957, H.12, S.230-233)

Weiler,A.: Das Allgemeine Kriegsfolgengesetz.(MDR, 1957, H.12, S. 705-708) 6

Weimar,W.: Die polizeiliche Verantwortlichkeit bei latent vorhandenen Gefahren. (SKV, 1958, H.1, S.16-18)

Werner,F.: Wandlung des Polizeibegriffs? (DVBl.,1957, H.23/24, S. 806-810)

Wettig,O.: Gewerkschaften und Handwerksordnung.(Gew.Mon.H.,1958, H.2, S.100-104)

Wistinghausen,J.: Stellung und Aufgaben des Meisters in den Industriebetrieben. (AG.,1958, H.3, S.70-72) 16

6.Finanz-,Steuer-u.Preisrecht(einschließlich Finanzgerichtsverfahren)

Braeutigam,H.: Das internationale Währungsproblem unter sozialem Aspekt. (SCHM.JB.,1957, H.6, S.53-90)

Dittmar: Gedanken zur Steuerreform. Fortfall der Doppelbesteuerung - Steuerbefreiung der Zuteilung von Gratisaktien - Fortfall der Kapitalertragssteuer.(Mitbest.,1957, H.6, S.167-170)

Dürkes,W.: Auswirkungen des Bundesverfassungsgerichtes über die Ehegattenbesteuerung auf wesensverwandte steuerliche Gesetzesbestimmungen? (BB, 1957, H.34, S.1213-1215)

Glättli,H.: Zur Anwendung der Brüsseler Zollwert-Konvention.(RiW., 1957, H.11, S.213-216) 3

Hohensee,G.N.: Die inländische Besteuerung der Ausländer für Lizenzgebühren und ähnliche Einkünfte. (B, 1957, H.49, Beil.Nr.17/57, S.1-4)

Diskussion um Prof.Slichters Thesen zum Inflationsproblem.(AG,1957, H.22, S.764-766)

Der Kampf gegen die schleichende Inflation. (AG, 1958,H.1/2,S.14-16)

Jannsen, H.: Warum noch Finanzierungshilfen für den Export? (Politische Studien, 1957, H.91, S.237-246)

Koselack,H.: Kreise, Gemeinden und Finanzämter in ihren steuerlichen Beziehungen zueinander. (SKV,1958, H.2, S.30-33)

Lange:Ist die Zusammenveranlagung bei der Vermögensabgabe verfassungswidrig? (BB, 1958, H.2, S.76-79)

Meyn, E.: Das Gesetz über die Deutsche Bundesbank. (Betr.Verf., 1957, H.12, S.227-231)

Meyn,E.: Das Problem der Wechselkurse. (Betr.Verf.,1957, H.10,S.191-194; H.11, S.213-216)

Oetterli,M.: Der Schutz der Auslandsinvestitionen. (WuR,1957, H.3, S.190-199)

Pertz: Gewerbesteuer und "Dauerschulden". (TW,1958, H.1, S.14-18)

Rehn,G.: Ein Sozialist über die Inflation. (Mbl.freiheitl.Wipol., 1958, H.2, S.96-100)

Richard,H.: Ein Weg zur Steuerreform. (Gew.Mon.H.,1957, H.12,S.740-745)

Rusca,G.F.: Über das Wesen und die rechtliche Tragweite der Allgemeinen Geschäftsbedingungen der schweizerischen Banken.(WuR, 1957,H.3, S.211-224)

Steuerabbau "unmodern"? (Mbl.freiheitl.Wipol.,1958,H.1, S.3-4)

7.Strafrecht, Strafprozeß

Dallinger,W.: Aus der Rechtsprechung des Bundesgerichtshofs in Strafsachen. (MDR,1958, H.1, S.12-15)

Goldbach,H.J.: Über die Berechtigung der milderen Strafe für Kindestötung.(§ 217 StGB) (MschrKrim.,1957, H.7/8, S.234-236)

Grützner: Bemerkungen zum Internationalen Rechtshilfeverkehr in Strafsachen. (DRiZ, 1958, H.1, S.16-18) 2

Händel,K.: Zur Frage der Untersuchungshaft.(Krim,1958,H.2, S.54-56)

Hartinger: Zuständigkeit für Entscheidungen nach § 153 c StPO (Einstellung). (DRiZ, 1957, H.12, S.292-294)

Schutz der Jugend vor Homosexualität. Deutscher Caritastag 1957. (Zbl.JugR.,1957, H.12, S.332-334)

Jäger,H.: Grenzen des Strafrechts (Persönlichkeitsrecht). (Krim; 1958, H.2, S.52-54)

Kaufmann,A.: Zur Rechtsmittelbeschränkung in Jugendstrafsachen.(JZ, 1958, H.1, S.9-13)

Kohlhaas:Das Zeugnisverweigerungsrecht der Journalisten.(NJW,1958, H.2, S.41-44)

Erkenntniskritik und Positivismus in der Auslegung des Meineidstatbestandes. (GAStr.,1957, H.12, S.397-405)

Meyer,F.: Ein Beitrag zum Problem der Rückfallprognose.(DRiZ,1957, H.12, S.294-297)

Möller: Aufstellen und Verbreiten unwahrer Behauptungen zur Behinderung der Bundeswehr. (ZV u.ZV. 1958, H.1, Beil. S.1-2)

Müller,H.D.: Homosexualität und Strafrecht. (Krim.,1958,H.1, S.7-10)

Münch,I.von: Die Grundrechte des Strafgefangenen.(JZ,1958, H.3,S.74-76)

Munkwitz,W.;G.Neulandt: Autodiebstahlsdelikte Jugendlicher. (Dtsch.Z.gerichtl.Med.,1957, Bd 46,H.4, S.555-568)

Pelle:Die Jugendkriminalität in Nordrhein-Westfalen nach den im Jahre 1955 erfolgten Verurteilungen. (Zbl.JugR, 1957, H.11, S.299-302)

Roesen,A.: Unfallflucht. (NJW, 1957, H.47, S.1737-1740)

Ruhrmann,H.W.: Grenzen strafrechtlichen Staatsschutzes. (NJW,1957, H.51/52, S.1897-1900)

Rünger,H.: Aufgaben und Möglichkeiten des Unterrichts im Jugendstrafvollzug. (RdJ, 1957, H.23,S.358-360; H.24, S.372-375; 1958, H.1, S.11-13)

Scheck,F.: Maßnahmen für straffällige und gefährdete Jugendliche nach französischem und deutschem Recht. (RdJ, 1957, H.23, S.361-363)

Schulz,G.: Tonbandaufnahmen im strafrechtlichen Ermittlungsverfahren. (Krim.,1958, H.1, S.1-7)

Schulz,G.: Polizeiliche Richtlinien zur Bekämpfung der Jugendkriminalität. (Zbl.JugR.,1957, H.12, S.309-316)

Shigemi,Y.: Strafbare Handlungen an Bord von Luftfahrzeugen und ihre Folgen. (ZLR, 1958, H.1, S.55-57)

Streik und Strafrecht. (ASP.,1957, H.12, S.355-358) 16

Tadewossjan,W.: Kampf gegen Rechtsverletzungen durch Minderjährige in der UdSSR. (RdJ, 1957, H.23, S.363-365)

Terheyden:Zeugnisverweigerungsrecht der Journalisten.(ZV u.ZV.1958, H.3, S.74-75)

Ullrich,W.: Beiträge zur geschichtlichen Entwicklung der strafrechtlichen Sonderstellung Minderjähriger. (RdJ, 1957,H.23, S.355-358)

8.Kriminalistik,Gerichtliche Medizin, Gerichtspsychiatrie-psychologie

Berg, S.: Beiträge zur Gewinnung und Bewertung von Befunden in der forensischen Haaruntersuchung. (Dtsch.Z.gerichtl.Med.,1957,Bd 46,H.4, S.531-545)

Graßberger,R.: Die Altersfeststellung von Urkunden. (Krim.1958, H.2, S.41-52)

Hirth,L.;K.Nibler: Statistische Beobachtungen über die Bedeutung der menschlichen Ohrmerkmale für die erbbiologische Abstammungsprüfung. (Dtsch.Z.gerichtl.Med.,1957, Bd 46,H.4, S.603-610) 15

Landmann,H.: Unergründliches Mordmotiv als Täterhinweis.(Krim.,1958, H.1, S.29-31)

Richter,H.P.: Prostitution. (Krim.,1957, H.12, S.453-457)

Strassmann,G.: Gerichtlich-pathologische Beobachtungen in einer Staats-Irrenanstalt der USA. (Dtsch.Z.gerichtl.Med.,1957,Bd 46, H.4,S.546-554)

Wendt,C.F.: Die Möglichkeiten und Grenzen psychoterapeutischer Behandlung von erwachsenen und jugendlichen Rechtsbrechern.(MschrKrim., 1957, H.7/8, S.193-213)

Wiersma,D.: Die kriminalpsychologische Bedeutung der disharmonischen Persönlichkeit. (MschrKrim.,1957, H.7/8, S.213-226)

9.Gerichtsverfassung(einschließlich Justizverwaltung, Staatsanwaltschaft,Notariat und Anwaltschaft)

Amelunxen: Rationalisierungsmaßnahmen in der Justiz. (DRiZ, 1958,H.2, S.40-41)

Güde,M.: Das Weisungsrecht des früheren Reichsjustizministers gegenüber dem früheren Oberreichsanwalts. (DRiZ, 1958, H.1, S.4-6)

Schmidt,E.: Die Rechtsstellung der Staatsanwälte im Rahmen der rechtsprechenden Gewalt und ihre Einbeziehung in das Richtergesetz. (DRiZ, 1957, H.12, S.273-283)

Wagner,A.: Zwischenbilanz zur Reform der Rechtspflege (Justizreform). (DRiZ, 1957, H.1, S.287-292)

Wagner,A.: Die Widerstände gegen eine Reform der Rechtspflege.(NJW, 1957, H.47, S.1740-1743)

10.Zivilrecht

Boehmer,G.: Ist die vertragliche Übernahme einer Entschädigungspflicht des Ehestörers zulässig? (MDR, 1958, H.1, S.4-6) 14

Bolza,H.: Kritisches zur Frage des Miteigentums. (AG, 1957, H.22, S.774-778) 16

Die Staaten müssen das Eigentum auch international schützen. (Mbl.freiheitl.Wipol.,1958, H.1, S.36-38)

Esser: Gedanken zur Dogmatik der "faktischen Schuldverhältnisse". (AcP, 1958, H.1, S.86-99)

Hoff,J.: Wann ist das Kapital eines nichtigen Wucherdarlehns rückforderbar? (AcP, 1957, Bd 156, H.6, S.483-507)

Klauß,H.: Darlehen gezahlt, Ware nicht geliefert. (TW,1958,H.1, S. 19-22)

Klinghammer,L.: Die Organisation des Versicherungswesens.(B,1957, H.51/52, S.1239-1241) 5

Lehmann,H.: Faktische Vertragsverhältnisse. (NJW,1958,H.1, S.1-5) 16

Loesch,A.von: Freiheit durch Eigentum? (Gew.Mon.H.,1958, H.1, S.37-41) 1

Makarov,A.N.: Postmortale Änderung der Sachnormen des Erbstatuts. (RabelsZ,1957, H.2, S.201-219)

Nipperdey,H.C.: Rechtswidrigkeit, Sozialadaquanz, Fahrlässigkeit, Schuld im Zivilrecht. (NJW, 1957, H.48,S.1777-1782)

Raiser,L.: Vertragsfreiheit heute. (JZ,1958, H.1, S.1-8)

Roquette,H.: Die Kündigung bei Zahlungsverzug bei freifinanzierten Wohnungen. (ZMR, 1957, H.12, S.398-399)

Schinas,G.: Das griechische Gesetz über die Gesellschaften mit beschränkter Haftung. (RabelsZ, 1957, H.2, S.311-323)

Stehle: Neues,völlig unnötiges gesetzliches Risiko im Abzahlungskredit! (TW, 1958,H.1, S.24-27)

Die Genossenschaftlichen Teilzahlungsbanken im Jahre 1956/57. (TW, 1958, H.1, S.9-11)

Das Gesetz über das Volkswagenwerk und seine Diskussion im Bundestag. (AG, 1958, H.3, S.54-56)

11.Urheber-und Erfinderrecht

Abel,P.: Der "Tonträger" in dem britischen Copyright Act, 1956. (UFITA, 1958, H.1/2, S.48-60)

Friedrich,O.Frhr.von: Fabrikmarke - Handelsmarke. (WRP, 1957, H.12, S.345-347)

Gentz,G.: Urheberrechtliches Nachbarrecht oder Leistungsschutzrecht? (GRUR, 1957, H.12, S.538-544)

Haeger,S.: Ein Film und drei Entscheidungen des Bundesgerichtshofes. (UFITA, 1957, Bd 24,H.5/6, S.329-335)

Heinrichs,H.: Die Übertragung gewerblicher Schutzrechte deutschen Ursprungs auf die deutschen Berechtigten und die Regelung des deutschen Altvermögens in Argentinien. (RiW.,1957, H.12, S.233-237) 3

Hirsch,E.E.: Über die Urheberschaft am Filmwerk. (UFITA, 1958,H.1/2, S.5-21)

Hubmann,H.: Die Ausleihbefugnis des Urhebers. (UFITA, 1957,Bd 24, H.5/6, S.297-329)

Kauffmann,H.: Das neue Gesetz über die Arbeitnehmererfindung. (Betr.Verf.,1957, H.9, S.161-165) 16

Krüger-Nieland,G.: Das Urheberrecht und die Entwicklung der Technik, insbesondere die private Vervielfältigung mittels Magnettonband und Fotokopie. (GRUR, 1957, H.11, S.535-542)

Nentha,B.: Die an das Urheberrecht angrenzenden Rechte. (UFITA,1958, H.1/2, S.42-48)

Nahme,H.D.: Internationale Registrierung von Warenzeichen.(RiW.,1957, H.11, S.228-229)

Neumann,H.W.: Urheberrecht und Technik. (GRUR.,1957, H.12, S.579-589)

Peter,W.: Betrachtungen zum Monaco-Entwurf (1957), eines internationalen Abkommens über verwandte Schutzrechte. (UFITA, 1957, Bd 24,H.5/6, S.336-372)

Richter,B.: Die Revision des Madrider Markenabkommens auf der Konferenz von Nizza.(Mit Text) (GRUR, 1957, H.12, S.519-537)

Wenzel,H.: Zum Recht der Erfindungen von Arbeitnehmern und Beamten. (Öff.D.,1957, H.12, S.221-223) 5

12.Handelsrecht,Wertpapierrecht,Kartell-und Wettbewerbsrecht

Czapski,G.: Der niederländische Gesetzentwurf betr.richterliche Nachprüfung von Entscheidungen der Regierungsinstanzen in Kartellsachen. (WuW, 1957, H.12, S.762-769)

Deringer, A.: Rationalisierungskartelle im Gesetz gegen Wettbewerbsbeschränkungen. (WuW, 1958, H.1, S.3-21)

Duden,K.: Die Diskussion über das Konzernrecht. (BB,1957, H.35/36, S.1230-1236)

Godin,H.von: Kartellrechtliche Behandlung von Verträgen über gewerbliche Schutzrechte. (BB, 1958, H.2,S.64-66)

Goltz,v.d.: Kleinaktionär und Prozeßkosten. (B, 1957, H.48, S.1171-1172) 15

Caemmerer,von: Kapitalanlage- oder Investmentgesellschaften.(JZ,1958, H.2, S.41-50)

Droste,H.: Die Regelung der vertikalen Preisbindung im neuen Kartellgesetz. (B, 1958, H.4, S.99-102)

Franzen,H.: Auslegungsfragen im Recht der Wettbewerbsregeln.(WuW, 1957, H.12, S.741-752)

Hueck,A.: Einfluß der Umwandlung von Kapitalgesellschaften auf die Stellung von Vorstandsmitgliedern und Geschäftsführern.(B,1957, H.51/52, S.1259-1262) 16

Kauffmann,H.: Der Konzernbegriff und die Wahl der Arbeitnehmervertreter zum Aufsichtsrat. (B,1957, H.47, S.1152-1154) 16

Morgner,G.: Die handelsrechtliche Bewertung von Gratisaktien.(BB, 1957, H.32, S.1117-1119)

Nerreter,P.: Wettbewerbsrechtlicher Schutz technischer und ästhetischer Arbeitsergebnisse. (GRUR, 1957, H.11, S.525-535) 11

Potthoff,E.: Unternehmungskonzentration und dezentrale Unternehmungsorganisation. (B,1957, H.51/52, S.1234-1237)

Preisbindung der zweiten Hand bei Markenartikeln: Frage der Sittenwidrigkeit. (BB, 1958, H.3, S.96-98)

Rasch,H.: Konzernrecht und Unternehmenskonzentration.(NJW,1957, H.51/52 S.1906-1908)

Reintanz,G.: Das tschechoslowakische Gesetz über das Zivilflugwesen vom 24.9.1956. (ZLR, 1958, H.1, S.58-62)

Riese,O.: Der Tokioter Entwurf des Rechtsausschusses der ICAO (1957) über Charter, Miete und Austausch von Luftfahrzeugen im internationalen Luftverkehr. (ZLR, 1958, H.1, S.1-32)

Rittner,F.: Die Ausschließlichkeitsbindungen nach dem Gesetz gegen Wettbewerbsbeschränkungen. (B,1957,H.45,S.1091-1095; H.46,S.1118-1123)

Rowedder,H.: Das Gesetz gegen Wettbewerbsbeschränkungen. (MDR,1958, H.1, S.1-4)

Saint-Gal, Y.: Unlauterer und parisitärer Wettbewerb. T.3.(GRUR Ausl., 1957, H.10, S.410-417)

Seibert,W.G.: Wird die Geschäftsführung unserer großen Aktiengesellschaft ausreichend überwacht? (Mitbest.,1957, H.6, S.162-167)

Siebel,U.R.: Zur Behandlung ausländischer Kapitalgesellschaften in England. (RiW.,1957, H.12, S.237-240) 3

Spengler,A.: Wettbewerbsbeschränkung durch Boykott. (B,1957, H.48, S.1169-1171; H.49, S.1193-1195)

Steindorff,E.: Das Verbot von Wettbewerbsbeschränkungen in der Anfangszeit der Europäischen Wirtschaftsgemeinschaft. (BB,1958, H.3, S.89-95) 3

Strickrodt: Die Tragweite des generellen Kartellverbots. (B,1958,H.1, S. 15-19)

Völp,F.: Markenartikel und Kartellrecht. (WRP,1958, H.1, S.1-9)

Völp,F.: Gewerbliche Schutzrechte und Gesetz gegen Wettbewerbsbeschränkungen. (WRP, 1957, H.11, S.313-318) 11

Waldner, W.: Kann der Unternehmer eine Rückstellung für Ausgleichszahlungen an Handelsvertreter bilden? (B, 1958, H.5, S.113-115)

13. Landwirtschaftsrecht

Herminghausen: Fristlose Kündigung eines Landpachtvertrages. (RdL., 1957, H.12, S.333-334)

Kobler, F.: Der Zweite Internationale Agrarrechtskongreß. (Betr. Bodenrecht) (RdL., 1957, H.12, S.309-311)

Rötelmann, W.: Das Landwirtschaftsrecht im letzten Jahre. (MDR, 1958, H.2, S.74-75)

Wöhrmann: Können Eheleute als Hoferben eingesetzt werden? (RdL., 1957, H.12, S.332-333)

14. Familienrecht

Bernstorff, von: Der Familienname in der deutschen Rechtsordnung. (NJW, 1957, H.51/52, S.1901-1904)

Büttner: Zur Neuregelung des gesetzlichen Güterstandes. (RdL, 1958, H.1, S.1-5)

Czapski, G.: Das niederländische Gesetz zur rechtlichen Besserstellung der Ehefrau. (RabelsZ., 1957, H.2, S.300-311)

Donau, H.: Das neue Kindschaftsrecht (I). (MDR, 1957, H.12, S.709-712)

Donau, H.: Das neue Kindschaftsrecht (II). (MDR, 1958, H.1, S.6-10)

Massfeller: Das Güterrecht des Gleichberechtigungsgesetzes. Teil VI: Güterrecht und Zwangsvollstreckung. (B, 1957, H.47, S.1145-1146)

Reinicke: Zum Ausgleich des Zugewinns beim Tode eines Ehegatten. (NJW, 1958, H.4, S.121-123)

Reinicke, D.: Zum Unterhaltsrecht der Ehegatten nach dem Gleichberechtigungsgesetz. (DRiZ, 1958, H.2, S.43-45)

Scheyhing, R.: Rückwirkende Kraft des Gleichberechtigungsgesetzes? (JZ, 1957, H.24, S.741-743)

15. Zivilprozeß und Freiwillige Gerichtsbarkeit

Gaul, D.: Armenrechtsentscheidung durch den Einzelrichter beim Landgericht? (DRiZ, 1958, H.1, S.22-24)

Göppinger, H.: Die Rechtsnatur des Erledigungsantrags. (AcP., 1957, Bd 156, H.6, S.473-482)

Henckel, W.: Parteibegriff und Rechtskrafterstreckung. (ZZP, 1957, H.6, S.448-465)

Keidel, T.: Aus der Rechtsprechung zur Freiwilligen Gerichtsbarkei (JZ, 1957, H.24, S.746-751; H.1, S.16-19)

Leiminger,H.: Lohnpfändung bei Unterbrechung des Arbeitsverhältnisses. (BB,1958, H.3, S.122-123) 16

Lent,F.: Das Urteil auf Duldung der Zwangsvollstreckung. (ZZP,1957, H.6, S.401-422)

Scheuerle: Beiträge zum Problem der Trennung von Tat- und Rechtsfrage. (AcP, 1958, H.1, S.1-85)

Schlachter, E.: Neue Aspekte zur Frage der Vollstreckbarerklärung ausländischer Urteile in Frankreich. (AcP, 1957, Bd 156,H.6,S.507-521)

Schumacher, A.: Zweifelsfragen im Verfahren des Offenbarungseides. (ZZP, 1957, H.6, S.440-447)

16.Arbeitsrecht und Arbeitsgerichtliches Verfahren

Apel, G.: Interessante Entscheidungen des BAG zum Betriebsverfassungsrecht aus dem Jahre 1957. (Mitbest.,1957, H.6, S.180-184)

Beckerath,P.G.von: Verkaufte Freiheit. - Zur Diskussion um die betrieblichen Sozialleistungen.- (AG,1957, H.22, S.778-781)

Beitzke,G.: Zur deutschen internationalen Zuständigkeit in Arbeitssachen. (Betr.Verf.,1957, H.12, S.225-227) 15

Brandner,H.E.: Streik und gewerkschaftliche Autonom (BB,1957, H.35/36, S.1281-1284)

Frisch,A.: Gewerkschaften und Mitbestimmung in Frankreich.(AG,1957, H.21, S.738-740)

Gericke,K.H.: Der öffentlich-rechtliche Schutz gegen Entflechtungsfolgen für Arbeiter und Angestellte in der Kohlenindustrie und in der Eisen- und Stahlindustrie. (ArbuR.,1957, H.12, S.360-364)

Güntner,H.: Gesetzliches und richterliches Billigkeitsrecht, unzulässige Rechtsausübung und Verwirkung im Arbeitsrecht T.2 u.3. (ArbuR.,1957, H.11, S.321-330; H.12, S.364-370)

Haberkorn,H.: Zur außerordentlichen Kündigung. (Betr.Verf.,1957, H.11, S.201-209)

Heißmann,E.: Kürzung von Versorgungsleistungen der Unterstützungskasse aus Anlaß der Rentenreform. (B, 1957, H.48, S.1177-1179) 17

Herschel,W.: Zur Frage der Teilkündigung. (BB,1958, H.4, S.160-162)

Herschel,W.: Beschränkung der außerordentlichen Kündigung, insbesondere durch zusätzliches Mitbestimmungsrecht. (Betr.Verf.,1957, H.10, S.181-183)

Heuber,H.: Lage der Berufsausbildung in Deutschland. (ZSR,1957, H.12, S.325-327)

Höhne, G.: Berechnung des Zuschusses an Arbeiter im Krankheitsfall - Kalendertage oder Arbeitstage? (BB,1957, H.32, S.1146-1150) 17

Huber,H.: Immer noch zuviel Kinderarbeit auf dem Lande. (ZSR,1957, H.10, S.271-273)

Jaerisch: Das Bundesarbeitsgericht hat entschieden.(Betr.Frauenarbeitslohn, Mutterschutz, Schwerbeschädigtenrecht) (ASP.,1957, H.12, S.363-367)

Joachim,H.G.: Die sittenwidrige Kündigung. (Betr.Verf.,1957, H.12, S.221-224)

Katzenstein,D.: Der Arbeitnehmer in der europäischen Wirtschaftsgemeinschaft. (BB,1957, H.31, S.1081-1084) 3

Kauffmann: Das "Friedensabkommen" des Arbeitgeberverbands der schweizer.Maschinen- und Metallindustrie mit dem schweizer.Metall- und Uhrenarbeiterverband u.A.vom 19.7.1937/1954 und seine Bedeutung für neue Wege der Schlichtung in Deutschland. (RdA, 1958, H.1, S.1-8)

Kauffmann,H.: Die neuere Rechtsprechung zum Gesetz über die Regelung der Lohnzahlung an Feiertagen. (Betr.Verf.,1957, H.10, S.186-190)

Für eine Versachlichung der Lohnpolitik Mitgliederversammlung des Bundes katholischer Unternehmer. (AG, 1957, H.21, S.730-734)

Urteile und Meinungen zur Lohnpolitik. T.1. (AG, 1958, H.1-2, S.30-33)

Mitbestimmung - ein Schutz vor unerwünschtem Nachwuch? (AG, 1958, H.1-2, S.18-19)

Mohnen,H.: Nachwirkungen des Arbeitsverhältnisses. T.2. (RdA, 1957, H.11, S.405-411)

Mülbach,P.: Gewerkschaften, Betriebsräte, Streiks in den USA. (Gew.Mon.H.,1958, H.2, S.81-89)

Müller,T.: Setzt fristlose Entlassung bei beharrlicher Arbeitsverweigerung Verschulden voraus? (B, 1957, H.45, S.1100-1102)

Müller,G.: Findet der Gleichbehandlungsgrundsatz im überbetrieblichen Raum Anwendung? (B,1958, H.2, S.52-54)

Natzel,B.: Das Problem der Ersatzmitgliedschaft von Arbeitnehmern im Aufsichtsrat. T.1, (B,1958, H.5, S.136-139)

Ohl,A.: Verfassung und Streikrecht.(AG, 1958, H.1/2, S.36-38) 4

Radke,O.: Parteipolitische Betätigung im Betrieb. (BB, 1957,H.31, S.1112-1115)

Rappenecker: Die Unternehmerentscheidung im Kündigungsprozeß.(BB,1958, H.1, S.47-50)

Richter,K.: Notstandsarbeiter und Tarifvertrag. (RdA, 1957, H.11, S. 413-415) 5

Rieker,K.: Die zahlenmäßige Entwicklung der Arbeitsunfälle.(ASP.,1957, H.11, S.309-311) 17

Rüstig,H.: Kündigungsschutz nach österreichischem Recht. (RdA, 1958, H.1, S.18-22)

Salzmann,W.: Die überforderten Krankenkassen. (Lohnfortzahlungsgesetz) (Mbl.freiheitl.Wipol.,1957,H.12, S.725-727) 17

Schelp,G.: Kündigung während der Krankheit und Zuschußzahlung. (Betr.Verf.,1957, H.10, S.183-186)

Schregle,J.: Ausländische Arbeitsgesetzgebung 4.F. (Kolumbien, Kostarico, Kuba, Mexiko; Westindien) (RdA,1957,H.11, S.429-430; 1958, H.1, S.29-31)

Schwarz,E.: Die amerikanischen Gewerkschaften und die Kernenergie. (Gew.Mon.H., 1957, H.11,S.668-672)

Stadler,H.: Anfechtung der Wahl des Betriebsratsvorsitzenden und seines Stellvertreters. (RdA, 1957, H.11, S.422-423)

Stamford,P.: Der internationale Schutz der Gewerkschaftsfreiheit. (Gew.Mon.H., 1958, H.1, S.25-32)

Stehle: Sind die Arbeitgeberzuschüsse im Krankheitsfall des Arbeiters unpfändbar? (NJW, 1958,H.3, S.92-93)

Sturmthal,A.: Lohnpolitik und inflationäre Strömungen.(Gew.Mon.H., 1957, H.11, S.661-668)

Trappe,H.: Selbständig oder nicht selbständig? (Betr.Handwerk)(BB, 1957, H.34, S.1224-1226) 17,12

Trieschmann,G.: Neues Seearbeitsrecht. (ArbuR.,1958, H.1,S.10-18)

Vogel,H.: Zur Löschung von Strafvermerken auf der Arbeitnehmerkarte. (Soz.Sicherh.,1957, H.12, S.378-380) 5,7

Weber,R.: Die Saisonarbeitslosigkeit in der Bauwirtschaft. (AG.,1958, H.3, S.66-70)

Weidner,P.: Kündigung und Urlaub. (Betr.Verf.,1957, H.9, S.172-174)

Weitzmann,I.: Die Erfolgsbeteiligung der Arbeitnehmer in den sozialistischen Wirtschaftsorganisationen Jugoslawiens. (EA,1958,H.1, S. 10431-10436)

Woll,R.: Schweigepflicht des Betriebsrates. (Mitbest.,1957, H.6, S.184-186)

17.Sozialrecht,Sozialgerichtsbarkeit und Verfahren

Benner, W.: Verjährung der Beiträge zur Sozial- und Arbeitslosenversicherung. (BB, 1957, H.33, S.1184)

Benner,W.: Versicherungsfreiheit in der Kranken- und Arbeitslosenversicherung wegen wissenschaftlicher Ausbildung. (BB,1957, H.34,S.1226)

Bergmann,T.: Die sozialpolitische Versorgung der Landarbeiter im internationalen Vergleich.(Soz.Sicherh.,1957, H.11,S.328-331) 13

Das Ende der Berliner Einheitsversicherung. (AG.,1958, H.1-2, S.45-46)

Dauhs,J.: Gedanken zur Reform der Kriegsopferversorgung.(ZSR, 1957, H.11, S.297-301)

Doublet: Die Sozialgerichtsbarkeit in Frankreich. (ZSR, 1957,H.10, S.281-284)

Fritzsche,H.A.: Sozialversicherungspflicht bei Entsendung von Arbeitnehmern in das Ausland. (RiW, 1958, H.1, S.5-7)

Gevatter,G.: Wer steht der Arbeitsvermittlung zur Verfügung? (Soz.Sicherh.,1957, H.11, S.332-334) 5

Jantz,K.: Zur Neuordnung der Unfallversicherung. (ZSR, 1957,H.11, S.313-315)

Juhl-Christenden,P.: Neue Gesetzgebung über Volksrente, Lebenshaltungskosten, gesetzliche Altersversicherung und das Alterssparen in Dänemark. (ZSR, 1958, H.1, S.46-61)

Koetzing,K.: Die Ausdehnung der Unfallversicherung auf Berufskrankheiten. (ASP.,1957, H.11, S.324-326)

Köhrer,H.: Das System ist falsch. (Betr.: Neuordnung der Krankenversicherung) (ZSR, 1957, H.12, S.319-321)

Krebs: Betrachtungen zur Neuregelung der Arbeitslosenversicherung. (ZSR, 1957, H.11, S.301-304)

Lange,E.: Die Altersversorgung der freien Berufe. (ZSR,1957,H.12, S.323-325)

Liefmann-Keil, E.: Veränderte Voraussetzungen für die Sozialpolitik und ihre Folgen. Zur Volksabstimmung über die Altersversicherung in Schweden. (ZSR, 1957, H.11, S.293-295)

Ludwig,H.: Arbeitsunfähigkeit - anders beurteilen. (Soz.Sicherh.,1957, H.12, S.356-358)

Musa,W.: Familienzuschläge und Gleichberechtigung.(Soz.Sicherh.,1957, H.12, S.362-364) 14

Nickenig,H.: Bergmännische Sonderstellung. (Knappschaftsversicherung) (Soz.Sicherh.,1958, H.1, S.23-25)

Pelle,L.: Jugendhilfe in der Sozialreform. (Zbl.JugR.,1957, H.12, S.327-332)

Rieff,H.: Die sozialpolitischen Aspekte der Automation in den USA. (ASP.,1957, H.12, S.349-352)

Vorschläge zur Neuordnung des RJWG.(Zbl.JugR.,1957, H.10, S.268-271)

Rohwer-Kahlmann,H.: Sozialrecht und Grundgesetz. (Soz.Sicherh.,1957, H.12, S.358-361) 4

Rohwer-Kahlmann: Bruch in dem Kurs der Sozialreform? (ZSR, 1957, H.11, S.295-297)

Schönberger: Körperliche Entstellungen - ihre Auswirkungen in der gesetzlichen Unfallversicherung. (ZSR, 1958,H.1, S.35-41)

Schreiner,H.: Gedanken zur Reform der Krankenversicherung. (Die Stellungnahme der Ärzteschaft.) (ASP.,1957, H.12, S.360-362)

Stahl,E.: Die Finanzlage der Krankenkassen. (Soz.Sicherh.,1957, H.12, S.355-356)

Stegmaier,H.: Die Sicherung des Unternehmers gegen eigene Unfälle. (AG, 1957, H.21, S.746-750)

Wagner, P.: Soziale Aspekte der ägyptischen Revolution.(ZSR, 1958, H.1, S.62-68) 1,4

Wulff,C.E.: Die freiwillige Weiterversicherung für ältere Angestellte. (ZSR, 1957, H.11, S.304-307)

18. Internationales Privatrecht

Baade,H.W.: Die Privatrechtsgeographie Ost- und Südesteuropas seit 1938. (JfIR, 1958, H.2/3, S.315-341)

Domke,M.: Deutsche Statusfragen vor amerikanischen Gerichten.(JZ, 1958, H.1, S.14-15)

Dopffel,P.: Anerkennung ausländischer Adoption im englischen Rechtskreis. (RabelsZ, 1957, H.2, S.220-261)

Fischler,J.: Das Internationale Privatrecht Schwedens 1949-1955. (RabelsZ, 1957. H.2, S.276-300)

Goldschmidt,W.: Einführung in das argentinische internationale Privatrecht. (JfIR, 1958, H.2/3, S.283-314)

Honig,F.: Die englische Rechtsprechung auf dem Gebiete des Internationalen Privatrechts 1953-1955. (RabelsZ, 1957, H.2, S.262-275)

Rinck,G.: Ein internationaler Gerichtshof für Angelegenheiten des Luftprivatrechts? (ZLR, 1958, H.1, S.33-37)

19. Juristische Ausbildungs- und Prüfungsfragen

Petrén: Juristische Studienreform in Schweden. (JZ, 1958, H.2, S.55-57)

20. Sonstiges

Brünneck,W.von: Landesbericht Hessen. (DÖV, 1957,H.32,S.881-886;H.33, S.907-910)

Henle: Landesbericht Bayern. (DÖV, 1957, H.30, S.829-830)

Kroemer: Die Entwicklung des öffentlichen Rechts in Niedersachsen im ersten Halbjahr 1957. (DVBl.,1958, H.1, S.53-56)

Metelmann: Die Entwicklung des öffentlichen Rechts im Lande Nordrhein-Westfalen im ersten Halbjahr 1957. (DVBl.,1958,H.3, S.89-92)

Sander,H.: Die Entwicklung des öffentlichen Rechts in Schleswig-Holstein im ersten Halbjahr 1957. (DVBl.,1957, H.23/24, S.853-856)

Sellschopp: Landesbericht Schleswig-Holstein. (DÖV, 1957,H.31,S.858-862)

C. 16.(26.) VERZEICHNIS DER NEUERWERBUNGEN DER BIBLIOTHEK DES DEUTSCHEN INSTITUTS FÜR RECHTSWISSENSCHAFT 1)

1.ALLGEMEINES

1.Allgemeine und bibliographische Nachschlagewerke,Wörterbücher, Buch- und Bibliothekswesen

Aktuelle Bibliographie zum deutschen Steuerrecht 1930-1945 unter Mitw....bearb.G.Felix u.E.P.Heinemann. Frankfurt/M. 1957. 363 S.
II Ea 19119

(Bibliographie des Staats-und Verwaltungsrechts.1953, ungar.:) Jogi és államigazgatási bibliográfia. Budapest 1955. 150 S.
IV Ea 16268

Vom Bibliothekswesen der Sowjetunion. Ber.über e.Studienreise nach Moskau u.Leningrad. Leipzig 1957, 66 S. I Ea 19383

Čukalov,S.: (Bulgarisch-russisches Wörterbuch). Bulgarsko-ruski rečnik. 2.izd. Sofija 1957. 991 S. IV Ea 19514

(Deutsch-tschechisches Handwörterbuch) Příruční slovník německočesky. Hauptred. J.Janko u.H.Siebenschain. Prag 1936-1948. 4 Bde
Bd 1: 889 S. Bd 2: 930 S. Bd 3: 860 S. Bd 4: 718 S. IV Eb 478

Deutsches Recht seit 1867< Bundes-,Ostzonen-,Reichs-,Berliner- u.Besatzungsrecht > u.völkerrechtl.Verträge. Systemat.Übers. < Fundstellennachweis in sachl.Ordng >. Bearb.von A.Dehlinger. Nach d.Stand vom 1.1.1957. 30.Aufl. Stuttgart 1957. 96 S. II Eb 466

Fraenkel,E.;K.D.Bracher: Staat und Politik. (Das Fischer Lexikon A-Z. Bd 2.) Frankfurt/M. 1957. 362 S. II Ea 19456

Fuchs,H.: Kurzgefaßte Verwaltungslehre für Institutsbibliotheken. Mit e.Anh.: Regeln f.d.alphabet.Katalogisierg. Wiesbaden 1957. 132 S.
II Ea 19532

Das Gegenwartsbild der Universitätsbibliothek Jena. Rudolstadt 1958. 109 S. I Ea 20209

Halász, E.: Deutsch-ungarisches Wörterbuch. Német-magyar szótár. T.1.2. Budapest 1952. 2 Bde Bd 1: 696 S. Bd 2: 827 S. IV Ea 19571

1) Die hier angezeigte Literatur ist gemäß der Benutzungsordnung der Bibliothek des Deutschen Instituts für Rechtswissenschaft, für die Mitglieder des Deutschen Instituts für Rechtswissenschaft, Ministerien und zentrale Institutionen der Deutschen Demokratischen Republik und nach der Leihverkehrsordnung der Bibliotheken ausleihfähig.-Verzeichnis 1-10 ist enthalten im Mitteilungsblatt des Deutschen Instituts für Rechtswissenschaft 1953, Nr 1 - 1955, Nr 3.

Halász,E.: Ungarisch-deutsches Wörterbuch. Magyar-német szótár T.1.2. Budapest 1957. 2 Bde Bd 1: 1000 S. Bd 2: 1232 S. IV Ea 19570

Halász,E.;O.Ratz: Deutsch-ungarisches Wörterbuch. Német-magyar szótár. 3.Aufl. Budapest 1957. 336 S. IV Ea 19568

James,J.S.;L.F.Maxwell: A legal Bibliography of the British Commonwealth of Nations. Vol.2: English law from 1801 to 1954 incl. Wales,the Channel Islands and the Isle of Man. 2 nd ed. London 1957. 519 S. V Ea 18553

Jones,P.A.;J.C.Fisher: Mozley and Whiteley's Law dictionary. 6th ed. London 1950. 376 S. V Ea 19462

Lund,T.: Den Danske Retslitteratur 1950-1955. Udgivet af Danmarks juristforbund. Kopenhagen 1956. 94 S. V Ea 19059

NJW-Fundhefte.Syst.Nachweis d.dt.Rechtsprechg, Zeitschriftenaufs. u. selbst.Schriften. Abt.5. Arbeitsrecht. Bd 2: 1.7.1953-31.12.1955. Bearb,von W.Heimeier. München,Berlin 1956. 307 S. II Eb 131

NJW-Fundhefte. Systemat.Nachweis d.dt.Rechtsprechg, Zeitschriftenaufsätze u.selbst.Schriften. Abt.2. Zivilrecht. Bd 4: 1.1.1955-31.12. 1955 mit Gesamtreg.f.Bd 1-4 < 8.5.1945-31.12.1955 >. Bearb.von K. Tremel. München,Berlin 1956, 571 S. II Eb 87

Ortslexikon der Deutschen Demokratischen Republik. Ausg.1957. Berlin 1958. 385 S. I Ea 19445

(Polnische Rechtsbibliographie 1944-1956, poln.:) Bibliografia prawnicza polska 1944-1956. Pod red.W.Czachorskiego. Warschau 1956. 71 S. II Eb 775

(Russisch-deutsches Wörterbuch,russ.:) Russko-nemeckij slovar. Pod.red. A.B.Lochovica. 3.izd. Moskau 1956. 919 S. III Eb 904

Sticker,B.: Verzeichnis der deutschen wissenschaftlichen Zeitschriften 1957. Im Auftr.d.Dt.Forschungsgemeinschaft hrsg.4.,neubearb.Aufl. Wiesbaden 1957. 63 S. II Ea 19536

Trávníček,F.: Wörterbuch der tschech. Sprache. Slovník jazyka českeho. Prag 1952. 1801 S. IV Ea 19030

Verzeichnis ausgewählter wissenschaftlicher Zeitschriften des Auslandes.VAZ. Bearb.von d.Dt.Forschungsgemeinschaft. Hauptw.u.Reg. Wiesbaden 1957. 2 Bde Bd 1: 749 S. Bd 2: 333 S. II Ea 19534

2.Biographien

Alikata,M.: (Antonio Gramsci - der Gründer der Kommunistischen Partei Italiens, russ.:) Antonio Gramši - osnovatel'ital'janskoj kommunističeskoj partii. Moskau 1957. 15 S. III Ea 20318

Unvergeßlicher Lenin. Erinnergn dt.Genossen. Zsgest.vom Inst.f-Marxismus-Leninismus beim ZK d.SED. Berlin 1957. 203 S. I Ea 19226

3.Philosophie, Soziologie

Chapman,J.W. Rousseau - totalitarian or liberal? New York 1956. 154 S. V Ea 19446

Dahrendorf, R.: Soziale Klassen und Klassenkonflikt in der industriellen Gesellschaft. (Stuttgart 1957. 270 S. II Ea 19414

Emge, R.M.: Der Einzelne und die organisierte Gruppe. Wiesbaden 1956. 122 S. II Ea 19497)

Foerster, F.W.: Politische Ethik. 4., neubearb.u.erw.Aufl. Recklinghausen 1956. 344 S. II Ea 19459

Gaitskell, H.: Recent Developments in British socialist thinking. London 1956. 42 S. V Ea 19458

Hofstätter, P.R.: Gruppendynamik. Die Kritik d.Massenpsychologie. Hamburg 1957. 194 S. II Ea 19538

Jörss, C.: Was nun ...? Freiheit...? Gewalt...? Gerechtigkeit...? Hirngespinste e.Irrsinnigen...? Intuitionen. Trittau 1956. 22 S. II Ea 19525

Lenin, V.I.: (Werke, tschech.:) Spisy. Svazek 1-35. Prag 1951-1957. 35 Bde IV Ea 19502

Liveright, A.A.: Führung kann man lernen. Zeitgemäße Methoden d.Gewerkschaftsschulg u.Erwachsenenbildg. Köln-Frechen 1957. 272 S. II Ea 19466

Marcel, G.: Der Mensch als Problem. Mit e.Einführung von M.Müller. 2.Aufl. Frankfurt/M. 1957. 214 S. II Ea 19356

Martin, A.von: Soziologie. Die Hauptgebiete im Überblick. Berlin 1956, getr.Pag. II Ea 19345

Müller, K.V.: Begabung und soziale Schichtung in der hochindustrialisierten Gesellschaft. Köln, Opladen 1956. 135 S. II Ea 19186

Niebuhr, R.: Christlicher Realismus und politische Probleme. Stuttgart 1956. 166 S. II Ea 19203

Persic, M.M.: (Moral und Religion, russ.:) Moral' i religija. Moskau 1957. 31 S. III Ea 16955

Schasching, J.: Katholische Soziallehre und modernes Apostolat. Innsbruck, Wien, München 1956. 185 S. V Ea 19312

Schelsky, H.: Die sozialen Folgen der Automatisierung. Düsseldorf, Köln 1957. 46 S. II Ea 19348

Söder, G.: Studie zur rechtssozialistischen Ideologie. Berlin 1957. 170 S. I Ea 19512

Tarlé, E.V.: (Werke, russ.:) Sočinenija. T.1.2. Moskau 1957. 2 Bde Bd 1: 770 S. Bd 2: 749 S. III Ea 19238

Weizsacker, V.von: Menschenführung. Nach ihren biologischen und metaphysischen Grundlagen betrachtet. Göttingen 1955. 84 S. II Ea 19368

Yorck von Wartenburg, P.: Bewusstseinsstellung und Geschichte. Ein Fragment aus d.philosoph.Nachlass. Eingel.u.hrsg.von I.Fetscher. Tübingen 1956. 220 S. II Ea 19415

4.Wirtschaftswissenschaft

I.G.Farbenindustrie Aktiengesellschaft im Liquidation. Frankfurt < Main >. Bericht über die Entflechtung und Liquidation. Frankfurt/M. 1955. 52 S. II Eb 852

Koziolek,H.: Grundfragen der marxistisch-leninistischen Theorie des Nationaleinkommens. Sozialismus. Berlin 1957. 234 S. I Ea 19304

Koziolek,H.: Probleme der Wirtschaftsentwicklung der Deutschen Demokratischen Republik in der Zeit von 1950-1955. Kiel 1957. 22 S. II Ea 19499

5.Geschichte

Der dritte revolutionäre Bürgerkrieg in China, russ.:) Tret'ja graždanskaja revoljucionnaja vojny v Kitae. Moskau 1957. 397 S. III Ea 19244

Crankshaw,E. Gestapo. Instrument of tyranny. London 1956. 275 S. V Ea 19321

(Geschichte der Slowakei. Thesen. slowak.:) Dejiny slovenska,< tezy > Bratislava 1956. 299 S. IV Ea 18961

Zur Geschichte der antifaschistischen deutschen Widerstandsbewegung 1933-1945. Eine Auswahl von Materialien, Berichten und Dokumenten. Berlin 1957. 420 S. I Eb 491

Kraus,O.;E.Kulka: Die Todesfabrik. [KZ Auschwitz] Berlin 1957. 238 S. I Ea 19352

Krenn,W.: Allgemeine Geschichte Europas und des Nahen Ostens. 3.umgearb.u.verb.Aufl. Wels,Wunsiedel,Zürich 1955. 528 S.V Ea 19313

Kühner,O.: Wahn und Untergang. 1939-1945. Stuttgart 1957. 311 S. II Ea 19372

Niekisch.E.: Das Reich der niederen Dämonen. [1933-1945] Berlin 1957. 528 S. I Ea 19362

Reitlinger,G.: The SS: Alibi of a nation 1922-1945. Melbourne, London, Toronto 1957. 502 S. V Ea 19275

Varain,H.J.: Freie Gewerkschaften, Sozialdemokratie und Staat. Die Politik der Generalkommission unter der Führung Carl Legiens < 1890-1920 >. Düsseldorf 1956. 206 S. II Ea 19277

Wattenbach-Levison:Deutschlands Geschichtsquellen im Mittelalter. Vorzeit u.Karolinger. H.3. Die Karolinger vom Tode Karls des Grossen bis zum Vertrag von Verdun, bearb.von H.Löwe. Weimar 1957. S.296-382) I Ea 558

6.Politik

Die Aufrufe des Präsidenten Ho Chi-minh,korean.:) Nhung loi keu goi cua Ho Chu Tich. T.2. Hanoi 1956. 298 S. IV Ea 19142

(Der Kampf um die Wiedervereinigung des Vaterlandes, korean.:) Phan dau cho thong nhat. T.1.2. Hanoi 1955-1956 2 Bde Bd 1: 76 S. Bd 2: 65 S. IV Ea 19143

Lju Šao-ci: (Politischer Bericht des Zentralkomitees der Kommunistischen Partei Chinas an den VIII. Allchinesischen Parteitag, russ.:) Političeskij otčet central'nogo komiteta kommunističeskoj partii Kitaja VIII vsekitajskomu s-ezdu partii. Peking 1956. 60 S. IV Ea 16233

(Die Materialien des III.Albánischen Parteitages < 25.Mai-3.Juni 1956 >, russ.:) Materialy III s ezda Albanskoj Partii Truda < 25 maja-3.ijunja 1956 g.>. Moskau 1957. 429 S. III Ea 18857

Nečitajlo, G.V.: (Die organisatorische Massenarbeit der städtischen Sowjets in Kasachstan, russ.:) Organizacionno-massovaja rabota gorodskich sovetov Kazachstana. Alma-Ata 1957. 214 S. III Ea 19242

Truòng-Chinh: (Über die Revolution in Vietnam, korean.:) Bàn ve cách mang Viet-Nam. Hanoi 1956. 76 S. IV Ea 19144

Ulbricht, W.: Grundfragen der ökonomischen und politischen Entwicklung in der Deutschen Demokratischen Republik. Ref.auf d.33.Tagg d. ZK d.SED am 16.Okt.1957. Berlin 1957. 123 S. I Ea 19227

Viet-Nam Fatherland Front. Resolutions, manifesto,programme and statutes. Rev.ed. Hanoi 1956. 35 S. IV Ea 19147

(Vorschläge des VIII.Allchinesischen Parteitages der Kommunistischen Partei Chinas für den zweiten Fünfjahrplan der Entwicklung der Volkswirtschaft russ.:) Predloženija VIII vsekitajskogo s-ezda Kommunističeskoj Partii Kitaja po vtoromu pjatiletnemu planu razvitija narodnogo chozjajstva < 1958-1962 gg >. Peking 1956. 63 S. IV Ea 16234

II.RECHTSWISSENSCHAFT

1.Gesetzesmaterialien und Dokumente (auch Verfassungen und Kurzkommentare).

(Das Arbeitsgesetzbuch der Bjelorussischen SSR,russ.:) Kodeks zakonov o trude belorusskoj SSR. Minsk 1957. 221 S. III Ea 20193

Bundesleistungsgesetz, ausführl. erl.von H.v.Hausen, v.d.Heide. München 1957. 183 S. II Ea 19344

Charte des Nations Unies et Statut de la Cour Internationale de Justice. Publ.par P.G. Vallindas. Athen 1952. 72 S. [griech.] V Ea 16675

Code pénal.Annoté d'après la doctrine et la jurisprudence. Avec renvois aux publ. Dalloz. 55 e éd. Paris 1958. 836 S. V Ea 19421

Convention on relations with the Federal Republic of Germany and a protocol to the North Atlantic Treaty. Message from the president of the United States, transmitting the convention on relations between the 3 powers and the Federal Republic of Germany,signed at Bonn on May 26,1952 and a protocoll to the North Atlantic Treaty signed at Paris on May 27, 1952. Washington 1952. 328 S. V Ea 20138

The Criminal Code of Japan. As amended in 1954 and the Minor Offenses Law of Japan. Translat.by Th.L.Blakemore. [jap.u.engl.] Rutland 1955. 192 S. V Ea 19480

(Dekrete der Sowjetmacht, russ.:) Dekrety sovetskoj vlasti. Tom 1. 25 okt. 1917 g.-16 marta 1918 g. Moskau 1957. 625 S. III Ea 20323

Gerichtsorganisationsgesetze. Unter Aufnahme einschläg.Rechtsnormen in d.im Gegenstd erg.Entscheidgn mit erl.Bem. Nach d.Stande d.Gesetzgebg v.15.4.1956. Hrsg.von O.Wentzel. Wien 1956. 395 S.V Ea 18877

(Gesetz Nr 196 vom 29.5.1946 über das eheliche Vermögensrecht,poln.:) Dekret Nr 196 z dnia 29 maja 1946 g.Prawo małżeśnkie majatkowe. Warschau 1946. 8 Bl. IV Eb 843

(Gesetzbuch der Freiwilligen Gerichtsbarkeit, Allg.Teil, poln.:) Kodeks postępowania niespornego. Część ogólna ważniejsze przepisy szczególne. 4.wyd. Warschau 1957. 324 S. IV Ea 20510

Gesetzbuch über Ehe, Familie und Vormundschaft in der RSFSR, russ.:) Kodeks zakonov o brake, sem'e na i opeke RSFSR. S izmenenijami. Moskau 1956. 142 S. III Ea 15827

(Die Gesetzgebung des Gesundheitsdienstes,poln.:) Ustawodawstwo służby zdrowia. Zbior przepisow według stanu na dzien i listopada 1955. Pod.red. L.Krotkiewskiej. T.1. Warschau 1956. 1010 S.IV Ea 19511

Internationales Eisenbahnrecht. Quellensammlg. Droit ferroviaire international. Recueil de documents. Hrsg.von W.Haustein;W.Pschirrer. Frankfurt/M. 1956. 2 Bde Bd 1: 705 S. Bd 2: S.706-1691 II Ea 19559

Die offiziellen Jalta-Dokumente des US State Departements. Vollst. dt.Ausg. Wien,München, Stuttgart, Zürich 1955. 361 S. mit Beil. V Ea 18695

Jantz,K.;H.Zweng: Kommentar zu den Gesetzen zur Neuregelung des Rechts der Rentenversicherung der Arbeiter u.d.Rentenversicherung d.Angestellten. Bearb. Stuttgart 1957. 538 S. II Ea 19408

Das Kraftfahrzeugsteuerrecht. Syst. Zusammenfassg aller geltenden Bestimmungen. Zsgest.von A.Kohls. < Stand: 1.8.1957 >. Berlin 1957. 87 S. I Ea 19164

Gesetz über die Landbeschaffung für Aufgaben der Verteidigung < Landbeschaffungsgesetz > vom 23.Febr.1957 u.Gesetz über die Beschränkung von Grundeigentum f.d.militär.Verteidigung < Schutzbereichgesetz > vom 7.12.1956 einschl.Fortgeltungsges.vom 3.7.1956, Auszügen aus d.zwischenstaatl. Verträgen, mit Einf.und Sachverzeichnis von B.Bauch, R.Schmidt. Stuttgart 1957. 97 S. II Ea 19069

May,H.J.: The South African Constitution 3 rd ed. Cape Town 1955. 678 S. V Ea 18713

Morrison,A.C.L.;E.Hughes: The Criminal Justice Act 1948. Annot. 2nd ed. London 1952. 194 S. V Ea 19461

Poutier,C.: La Reforme de la constitution. < Loi constitutionnelle du 7 decembre 1954.> Texte et comm. Paris 1955. 140 S.V Ea 19265

Richter,H.;H.Reichert;E.Ewald: Das Sozialfürsorgerecht. Erl.d.ges. Fürsorgerechts d.DDR. Berlin 1957. 274 S. I Ea 19521

Rohlfing, T.;H.D.Rewolle: Kündigungsschutzgesetz. Frankfurt/M.1957. Lose-Blatts. II Ea 18345

Schneider,H.: Polizeirecht. Rechtsvorschriften über d.Polizeiwesen in Bund u.Ländern. Vorschriftensammlg mit e.Einf. 13.,neubearb.Aufl. München, Berlin 1957. 666 S. II Ea 19474

Schutzbereichgesetz,ausführl.erl.von H.v.Hausen; v.d.Heide. München 1957. 60 S. II Ea 19342

Sozialgerichtsgesetz nebst ergänzenden Vorschriften. Komm.von A.Mellwitz. München, Berlin 1956. 593 S. II Ea 18942

Strafgesetzbuch < Leipz.Komm.> Begr.von L.Ebermayer [u.a.] Hrsg.von H.Jagusch,E.Mezger [u.a.] 8.,neu bearb.Aufl. Bd 1; Bd 2,Lief.1. Berlin 1957. 796 S. II Ea 19325

(Strafgesetzbuch und Strafprozeßordnung, sowie Ergänzungsvorschriften, slowak.:) Trestný zakon a trestný poriadok. A predpisy suvisiace. Spracovali K. Černý a J.Kunc. Bratislava 1957. 588 S. IV Ea 20349

The Suez-Canal. A selection of documents relating to the International Status of the Suez Canal Company. Nov.30,1854-july 26,1956. London, New York 1956. 76 S. V Ea 19220

Theobald,A.: Allgemeine Dienstordnung für die Staatsbehörden. Textausg.mit Anm. sowie einschläg.Best.im Anh.u.e.Stichwortverz. Bearb. 2.Aufl. München 1957. 198 S. II Ea 19343

Ulmann,W.: Personenbeförderungs-Gesetze. Gesetz über d.Beförderg.v. Personen zu Lande v.4.Dez.1934 in d.Fassg.v.6.Dez.1937. VO zur Durchführg.d.Gesetzes über d.Beförderg.v.Personen zu Lande v.26.März 1935 VO über d.Betrieb v.Kraftfahrunternehmen im Personenverkehr < BOKraft > v.13.Febr.1939. VO üb.d.Bau-u.Betrieb d.Straßenbahnen < Straßenbahn-Bau-u.Betriebsordng.-BOStrab.> v.13.Nov.1937. Zsgest.u.bearb.v.W.Ulmann. Berlin 1957. 192 S. I Ea 19359

Verfassung der Internationalen Arbeitsorganisation. Genf 1956. 40 S. V Ea 20063

(Verfassung < Grundgesetz>der Lettischen Sowjetischen Sozialistischen Republik, russ.:) Konstitucija < osnovnoj zakon > Latvijskoj Sovetskoj Socialisti českoj Respubliki. Riga 1957. 25 S. III Ea 20072

(Verfassung der Volksrepublik Korea,russ.:) Konstitucija Korejskoj Narodno-Demokratičeskoj Respubliki. o.O.1956. 28 S. III Ea 20352

(Verfassung < Grundgesetz>der Belorussischen Sowjetischen Sozialistischen Republik, russ.:) Konstitucija < osnovnoj zakon > Belorusskoj Sovetskoj Socialističeskoj Respubliki. Minsk 1957. 30 S. III Ea 20070

<Grundgesetz > (Verfassung der Grusinischen Sowjetischen Sozialistischen Republik, russ.:) Konstitucija < osnovnoj zakon > Grusinskoj Sovetskoj Socialističeskoj Respubliki. Tbilissi 1956. 31 S. III Ea 20073

(Verfassung < Grundgesetz > d.UdSSR. Verfassungen < Grundgesetze > der sozialistischen sowjetischen Unionsrepubliken, russ.:) Konstitucija (osnovnoj zakon) SSSR. Konstitucii (osnovnye zakony)sojuznych sovetskich socialističeskii respublik. Moskau 1956. 490 S.
III Ea 16913

(Verordnungen über die ständigen Kommissionen der örtlichen Sowjets der Deputierten der Werktätigen, russ.:) Položenija o postojannych komissijach mestnych sovetov deputatov trudjaščichsja.
Moskau 1956. 206 S. III Ea 20071

Waren-und Zahlungsmittelverkehr im Außenhandel und Innerdeutschen Handel. gesetzl.Bestimmungen f.d.grenzüberschreitenden Personen. Waren a.Zahlungsmittelverkehr der DDR. Berlin 1957.
Lose Blattsammlg. I Ea 19363

(Zivilgesetzbuch der RSFSR, russ.:) Graždanskij kodeks RSFSR.
Moskau 1956. 270 S. III Ea 20065

(Sammlung der Zivilgesetze der Volksrepublik Albanien,alban.:) Ligjet kryesore civile te Republikes Popullore te Shqiperise.
Tirana 1957. 231 S. IV Ea 20412

Zivilprozeßordnung und Nebengesetze auf Grund der Rechtsprechung Komm. von B.Wieczorek.Bd 2, T.2. Bd 3. Berlin 1957. Bd 2, T.2:(§§ 283-510c) S.365-1180, Bd 3: (§§ 511-703a) 915 S. II Ea 19271

Zivilprozeßordnung der RSFSR, russ.:) Graždanskij processual'nyj kodeks RSFSR. Moskau 1956. 338 S. III Ea 20069

(Kommentar zur Zivilprozessordnung. T.1, tschech.:) Komentár k občanskému soudnímu řádu. Zpracoval autorsky kolektiv pod vedenim J.Rubeša. D 1. Prag 1957. 896 S. IV Ea 20221

2.Rechtswissenschaft allgemein

Dias,R.W.M.;G.B.J.Hughes: Jurisprudence. London 1957. 529 S.
V Ea 19463

Evershed: The practical and academic Characteristics of English law. Lawrence 1956. 51 S. V Ea 19449

(Fragen der Kodifikation des sowj. Rechts, russ.:) Voprosy kodifikacii sovetskogo prava. Vyp.1. Leningrad 1957. 118 S.III Ea 19024

(Das Jahrbuch der rechts-und staatswissenschaftlichen Fakultät der Univ.zu Pécs, ungar.:) A Pécsi tudományegyetem állam-és jogtudományi karának évkönyve. Budapest 1954. 188 S. IV Ea 10868

Phillips,O.H.: A first Book of English law. 3rd ed. London 1955. 298 S. V Ea 19527

Radcliffe,G.R.Y;G.Cross: The English legal System. 3rd.ed.
London 1954. 440 S. V Ea 19469

Šebanov, A.F.: (Normen des sowjetischen sozialistischen Rechts. russ.:) Normy sovetskogo socialističeskogo prava. Moskau 1956. 42 S.
III Ea 19428

Tkačenko,Ju.G.: (Die Anwendung der Normen des sowjetischen sozialistischen Rechts, russ.:) Primenenie norm sovetskogo socialističeskogo prava. Moskau 1955. 35 S. III Ea 20129

Vuković,M.: (Interpretation von Rechtsvorschriften, slowen.:) Interpretacija pravnih propisa. Zagreb 1953. 143 S. IV Ea 16254

(Wissenschaftliche Schriften. Arbeiten der juristischen Fakultät, russ.:) Učenye zapiski. Vyp. 180. Trudy juridičeskogo fakul'teta Moskau 1956. 217 S. III Eb 820

(Wissenschaftliche Schriften des juristischen Instituts "D.J.Kurskij" in Saratow, russ.:) Učenye zapiski saratovskogo juridičeskogo instituta imeni D.I.Kurskogo. Vyp.5. Saratow 1957. 238 S. III Ea 20091

3.Staats-und Rechtstheorie

Aleksandrov,N.G.: (Die Rolle des Rechts in der sowjetischen sozialistischen Gesellschaft, russ.:) Rol' prava v sovetskom socialističeskom obščestve. Moskau 1957. 39 S. III Ea 20273

Barbu,Z.: Democracy and dictatorship. Their psychology and patterns of life. London 1956. 275, 15 S. V Ea 19491

Bystřina,I.: (Die Volksdemokratie, tschech.:) Lidová demokracie. Prag 1957, 240 S. IV Ea 20116

Hayek,F.A.: The Road to serfdom. With foreword by J.Chamberlain. Chicago 1956. 248 S. V Ea 19044

Jahrreiss,H.: Mensch und Staat. Rechtsphilosoph., staatsrechtl.u. völkerrechtl.Grundfragen in unserer Zeit. Köln,Berlin 1957. 325 S. II Ea 19406

Krbek,I.: (Beitrag zur Theorie des Rechtsbegriffes,slowen.:) Prilog teoriji o pojmu prava. Zagreb 1952. 93 S. IV Ea 16248

Lakatos,M.: (Fragen der Volksdemokratie in der ČSR, tschech.:) Otázky lidové demokracie v československu. Prag 1957. 134 S. IV Ea 20046

Lemmel,H.E.: Zur Kritik des Rechts. Ein Beitrag. Göttingen 1956. 53 S. II Ea 19405

Masse und Demokratie. Aufs.von L.Baudin, J.B.Duroselle, F.A.Hayek, H.Kohn, Th.Litt, W.Kägi, M.Oakeshott, W.Röpke, A.Rüstow, H.Schoeck. Geleitw. von A.Hunold. Erlenbach-Zürich, Stuttgart 1957. 276 S. V Ea 18940

Plaza, G.: Problems of democracy in Latin America. Chapel Hill 1955. 88 S. V Ea 19263

Recht,Rechtsbewusstsein und Moral. (Übers.aus d.Gr.Sowj.Enzykl.) Berlin 1956. 85 S. I Ea 19378

Schönfeld,W.: Über die Heiligkeit des Rechts. Göttingen 1957. 61 S. II Ea 19501

Seyler,L.: Betrachtungen zur Geschichte der Revolutionen mit e.Anh. über d.Rolle d.Persönlichkeit in d.Gesch. Weinheim, Berlin 1957. 72 S. II Ea 19410

Skard,Ø.: Ideological Strategy. (Aus d.Norweg.übers.) London 1955. 79 S. V Ea 19332

Deutsche Akademie für Staats-und Rechtswissenschaft "Walter Ulbricht". Die marxistisch-leninistische Theorie des Staates und des Rechts. T.4: Das sozialistische Recht. Berlin 1957. 206 S. I Ea 20177

Wild,J.: Plato's modern enemies and the theory of natural law. Chicago 1953. 259 S. V Ea 19282

4.Geschichte der Staats-und Rechtstheorie

Acton,J.D.: Katechismus der Freiheit. 95 Thesen von Lord Acton. Zsgest.u.geordnet aus d.Schriften Actons von U.Noack. Würzburg 1956. 24 S. II Ea 18793

Bergner,D.: Neue Bemerkungen zu J.G.Fichte. Fichtes Stellungnahme zur nationalen Frage. Berlin 1957. 144 S. I Ea 19397

Buck,A.: Das Geschichtsdenken der Renaissance. Krefeld 1957. 28 S. II Ea 19357

Cicero: Über den Staat. Übers.von W.Sontheimer. Stuttgart 1956. 190 S. II Ea 19261

Beintker,H.: Die Christenheit und das Recht bei Adolf Schlatter. Unter bes.Berücks.d.Kirchenrechts. Berlin 1957. 236 S.I Ea 19251

Forster,J.G.: Mensch und Staat. Eine Auswahl aus seinen Schriften in 2 Bdn. Berlin 1948. Bd 1: 318 S. Bd 2: 254 S. I Ea 19283

Göhring,M.: Montesquieu. Historismus u.moderner Verfassungsstaat. Wiesbaden 1956. 51 S. II Ea 19535

Heckel,J.: Im Irrgarten der Zwei-Reiche-Lehre. 2 Abhandlgn zum Reichs-u.Kirchenbegriff Martin Luthers. München 1957. 66 S. II Ea 19185

Kemiläinen,A.: Auffassungen über die Sendung des deutschen Volkes um die Wende des 18.u.19.Jh. Helsinki 1956. 301 S. V Ea 19315

Petrovich,M.B.: The Emergence of Russian Panslavism 1856-1870. New York 1956. 312 S. V Ea 19340

Protasenko,Z.M.: (Die Prinzipien der Periodisierung der Geschichte der marxistisch-leninistischen Philosophie, russ.:) Principy periodizacii istorii marksistsko-leninskoj filosofii. Leningrad 1957. 194 S. III Ea 18566

Strauss,H.A.: Staat, Bürger,Mensch. Die Debatten der dt.Nationalversammlung 1848/1849 über die Grundrechte. Aarau 1947. 136 S. V Ea 19365

5.Staats-und Rechtsgeschichte

Bardach,J.;Z.Kczmarczyk; B.Lesnodorski: (Die Geschichte des Staates und des Rechts in Polen bis zum Jahre 1795, poln.:) Historia państwa i prawa polski do roku 1795. Cz.1.2. Warschau 1957. 2 Bde
Bd 1: 592 S. Bd 2: 549 S. IV Ea 20117

Dietz,H.: Geschichte der Konservativen Partei Englands. Laupheim 1955. 82 S. II Ea 19355

Dokumente zur deutschen Geschichte aus dem Sächsischen Landeshauptarchiv Dresden, zsgest.u.hrsg.von H.Kretzschmar unter Mitarb.v. G.Schmidt. Berlin 1957. 73 S. I Eb 481

Dykov,I.G.: (Der Sieg des bewaffneten Oktoberaufstandes in Petrograd 1917, russ.:) Pobeda oktjabr'skogo vooružennogo vosstanija v Petrograde v 1917 godu. Moskau 1957. 46 S. III Ea 16860

Eike von Repkow: Sachsenspiegel. Lehnrecht. Hrsg.von K.A. Eckhardt. Göttingen, Berlin Frankfurt 1956. 256 S. II Ea 19253

Fedorov,V.A.: (Die erste Periode der revolutionären Bewegung in Russland < 1825-1861 >, russ.:) Pervyj period revoljucionnogo dviženija v Rossii < 1825-1861 gg. > Moskau 1957. 38 S. III Ea 20089

Geschichte der UdSSR. 1.Feudalismus. Halbbd 1.2. Berlin 1957.
Bd 1: S.1-496 Bd 2: S.506-1072 I Ea 19306

(Die Denkmäler des russischen Rechts. 6.Bd Das Gesetzbuch des Zaren Aleksej Michajlowitsch v.1649, russ.:) Pamjatniki russkogo prava. Vyp.6. Sobornoe ulozenie carja Alekseja Michajloviča 1649 goda. Moskau 1957. 503 S. III Ea 19241

Heßler,W.: Mitteldeutsche Gaue des frühen und hohen Mittelalters. Berlin 1957. 162 S. I Eb 467

Herzfeld,H.: Die moderne Welt 1789-1945. T.1: Die Epoche der bürgerl. Nationalstaaten, 1789-1890. T.2: Weltmächte u.Weltkriege. Die Geschichte unserer Epoche 1890-1945. Braunschweig 1957. 2 Bde
Bd 1: 260 S. Bd 2: 376 S. II Ea 19407

Huber, E.R.: Deutsche Verfassungsgeschichte seit 1789. Bd 1: Reform u.Restauration 1789-1830. Stuttgart 1957. 820 S. II Ea 18842

Hurst,J.W.: Law and the conditions of freedom in the 19th century Unites States. Madison 1956. 139 S. V Ea 19254

Karl,H.: Die deutsche Arbeiterklasse im Kampf um die Enteignung der Fürsten. < 1925-1926 >. Mit e.Anh. Berlin 1957. 108 S. I Ea 19399

Kesting,H.: Geschichte und Verfassung des Niedersächsisch-Westfälischen Reichsgrafen-Kollegiums. Münster 1956. 72 S. II Ea 19347

Kuraszkiewicz,W.: (Nowgoroder Urkunden auf Birkenrinde. Heft A: Sprachliche Bearbeitung. Heft B: Fotografie und Übertragungen, poln.:) Gramoty nowogrodzkie na brzozowej korze. Z.A: Opracowanie językowe. Z.B: Fotografie i przerysy. Warschau 1957. 2 Bde
1: 104 S. 2: 42 Taf. IV Ea 19425

Marquardt,J.: Römische Staatsverwaltung. 3.Aufl. Darmstadt 1957. Bd 1: 584 S. Bd 2: 621 S. Bd 3: 598 S. II Ea 19276

Mayer-Maly,T.: Locatio conductio. Eine Untersuchg zum klass.röm. Recht. Wien, München 1956. 240 S. V Ea 19324

(Die Revolutionären Komitees der BSSR und ihre Tätigkeit zur Festigung der sowjetischen Macht und der Organisation des sozialistischen Aufbaus < Juli-Dez.1920 >, russ.:) Revoljucionnye komitety BSSR i ich dejatel nost' po uprocenìju sovetskoj vlasti i organizacii socialističeskogo stroitel'stva < ujil'-dekabr' 1920 g.> Sbornik dok.i mat. Minsk 1957. 522 S. III Ea 18876

Rihs, C.: La Commune de Paris.Sa structure et ses doctrines < 1871 >. Genf 1955. 317 S. V Ea 19269

Ronin, S.L.: (Zur Geschichte der Verfassung der UdSSR vom 1924, russ.:) K istorii konstitucii SSSR 1924 g. Moskau, Leningrad 1949. 120 S. III Ea 20114

Die Schöffenspruchsammlung der Stadt Pössneck. T.1.Der Text d.Sammlg Bearb.von R.Grosch unter Mitarb.von K.Th.Lauter u.W.Flach. Weimar 1957. 358 S. I Ea 19305

Schulemann,G.: Geschichte der Dalai-Lamas. Leipzig 1958. 519 S. I Ea 19504

Topolski,J.: (Die Lage und der Klassenkampf der Bauern auf den Gütern des Erzbistums Gnesen im 18. Jh.,poln.:) Położenie i walka klasowa chłopów w XVIII w. w dobrach arcybiskupstwa Gnieźnieńskiego. Warschau 1956. 298 S. IV Ea 19384

Westrup, C.W.: Introduction to early roman law. Comparative sociological studies. The patriarchal joint family. Bd ohne Bez. 2-5 Kopenhagen, London 1934-54. 4 Bde Bd 2: 1934 192 S. Bd 3:1: 1934 310 S. Bd 4, Book 1: 1950 212 S. Bd 5, Book 1: 1954 152 S. V Eb 473

Zlatopol'skij,D.L.: (Die Leninsche Nationalitätenpolitik und die Erweiterung der Rechte der Unionsrepubliken, russ.:) Leninskaja nacional'naja politika i dal'nejšee rasširenie prav sojuznych respublik. Moskau 1957. 39 S. III Ea 16932

6.Völkerrecht und Außenpolitik

Allen,H.C.: Great Britain and the United States. A history of Anglo-American relations < 1783-1952 >. London 1954. 1024 S. V Ea 19423

Ball,M.M.;H.B.Killough: International Relations. New York 1956. 667 S. V Ea 19339

Bittel,K.: Atlantikpakt oder kollektive Sicherheit für Europa. Das aggressive imperialist.Paktsystem u.seine Überwindg durch e.gesamteurop.Sicherheitsvertrag. Mit Dok. Berlin 1954. 148 S. I Ea 19505

Bräutigam, O.: Überblick über die besetzten Ostgebiete während des 2.Weltkrieges. Tübingen 1954. 97 gez.Bl. II Eb 483

Brugière,P.F.: Les Pouvoirs de l'Assemblée générale des Nations Unies en matière politique et de sécurité. Paris 1955. 431 S.V Ea 19533

Buk, J.: (Die internationalen Beziehungen in der Zeit der Schaffung des sozialistischen Weltsystems, poln.:) Mezinàrodní vztahy v době vytváření světové socialistické soustavy. Dálný východ, jihovýchoní asie, blízky a stredni východ. Prag 1957. 44 S. IV Ea 20202

Chauveau,P.: Droit Aérien. Paris 1951. 524 S. V Ea 19386

Claude,I.L.: National Minorities: an international problem. Cambridge 1955. 248 S. V Ea 19260

The Birth of a world people. The provisional constitution of the Commonwealth of World Citizens. With an introd.by H.J.Schonfield. London 1956. 59 S. V Ea 19550

Conflict in Indo-China and international repercussions. A documentary history, 1945-1955. Ed. by A.B.Cole. With the ass.of P.W.Lande, W.B.Harland. Ithaca 1956. 265 S. V Eb 499

Dischler,L.: Der auswärtige Dienst Frankreichs. Bd 1.2. Hamburg 1952. Bd 1: 170 S. Bd 2: 185 S. II Eb 798

Engel,F.W.: Handbuch der NATO. Frankfurt/M. 1957. 985 S. II Ea 19191

Euler,H.: Die Außenpolitik der Weimarer Republik 1918/1923. < Vom Waffenstillstand bis zum Ruhrkonflikt >. Aschaffenburg 1957. 471 S. II Ea 19221

Feige,G.: Die NATO und ihre Krise. Hrsg.von d.Gesellschaft zur Verbreitg wiss. Kenntn. Präsidium Sektion Militärpolitik. Berlin 1957. 117 S. I Ea 19376

(Die völkerrechtlichen Formen der friedlichen Koexistenz der Staaten und Nationen, russ.:) Meždunarodno-pravovye formy mirnogo sosuščestvovanija gosudarstv i nacij. Pod.red.S.B.Krylova i V.N.Durdenevskogo. Moskau 1957. 169 S. III Ea 19375

Garcia-Mora, M.R.: International Law and asylum as a human right. Washington 1956. 171 S. V Ea 19291

Goguel,R.;H.Pohl: Oder-Neisse. Eine Dokumentation. 2.,durchges. Aufl. Berlin 1956. 200 S. I Ea 19440

Green,J.F.: The United Nations and human rights. Washington 1956. 194 S. V Ea 19417

Härle,E.: Von der Genfer Atomkonferenz zur Weltorganisation für die friedliche Verwendung der Atomenergie. Sonderdr.aus d.Wiss.Zs.d. Friedrich-Schiller-Univ. Jena, 1956/57. H.5, S.469-556 I Eb 857

Hartmann, F.H.: The Relations of nations. New York 1957. 637 S. V Ea 19341

Haviland,H.F.: The political Role of the general assembly. New York 1951. 190 S. V Ea 18593

Heinz,E.: Betrachtungen zu einigen Theorien über die moderne Luftkriegsführung. Berlin 1957. 70 S. I Ea 19224

Herzog,R.: Grundzüge der Deutschen Besatzungsverwaltung in den ost- und südosteuropäischen Ländern während des zweiten Weltkrieges. Tübingen 1955. 199 gez.Bl. II Eb 484

Hyde,Ch.Ch.: International law. Chiefly as interpreted and applied by the United States. 2nd rev.od. Boston 1951. 3 Bde 1: 822 S. 2: S.823-1678 3: S.1680-2489. V Ea 19403

Keen,F.N.: The Abolition of war. London 1956. 54 S. V Ea 19508

Kiesi,T.: (Diplomatische Geschichte des japanisch-chinesischen Krieges (1894-1895), russ.:) Diplomatičeskaja istorija japono-kitajskoj vojny (1894-1895 gg.) Moskau 1956. 607 S. III Ea 16918

Kipp,H.: UNESCO. Recht, sittl.Grundlage, Aufgabe. München 1957. 227 S. II Ea 19524

Kopal,V.;I.Mrázek: (Die Frage der Revision der UN Charta, poln.:) Otázka revise charty OSN. Práce poctěna cenou Československé Akademie Věd za rok 1955. Prag 1957. 242 S. V Ea 20203

A Chronicle of principal events relating to the Korean question 1943-1954. Peking 1954. 93 S. IV Ea 20017

USA War Office. Department of the Army Field Manual. FM 27-10. The Law of land warfare. Washington 1956. 236 S. V Ea 20150

Lions,M.: Apport du Mexique a l'élaboration juridique et politique de l'organisation des nations americaines. Toulouse 1953. 188 S. Toulouse, Jur.Fak.,Diss. 1953. V Eb 850

Namyslowski,W.: (Das System des Konsularischen Rechts, poln.:) System prawa konsularnego. Warschau 1949. 155 S. IV Ea 16643

Die Organisation des Nordatlantikvertrages NATO. Hrsg.vom Presse- u.Informationsamt d.Bundesreg. Frankfurt/M. 1957.78 S.II Ea 20206

Reuter,P.: Institutions internationales. Paris 1955. 426 S. V Ea 19262

Rusett,A.de: What's wrong with the Charter? London 1956. 16 S. V Ea 19549

Schiffer,W.: The legal Community of Mankind. A critical analysis of the modern concept of world organization. New York 1954. 367 S. V Ea 19067

Seabury,P.: Die Wilhelmstrasse. Die Gesch.d.dt.Diplomatie 1930-1945. Frankfurt/M. 1956. 330 S. II Ea 19562

Shawcross;Beaumont: (Air Law, russ.:) Vozdušnoe pravo. Moskau 1957. 400 S. III Ea 19432

Truchanovskij,V.G.: (Die Außenpolitik Englands nach den zweiten Weltkrieg, russ.:) Vnešnjaja politika Anglii posle vtoroj mirovoj vojny. < Kratkij očerk.> Moskau 1957. 333 S. III Ea 19513

Survey of international affairs 1939-1946. The War and the neutrals. Ed.by A.Toynbee and V.Toynbee. London,Toronto, New York 1956. 378 S. V Ea 19274

Wassenbergh,H.A.: Post-war international civil aviation policy and the law of the air. Den Haag 1957. 180 S. V Ea 19272

Britain in Western Europe. WEU and the atlantic alliance. A report by a Chatham House study group. London, New York 1956. 121 S. V Ea 19422

Wynen Thomas,A.van; Thomas,A.J.: Non-Intervention. The law and its import in the Americas. Foreword by J.Cueto Rua. Dallas 1956. 476 S. V Ea 19488

Yakemtchouk,R.: L'O.N.U. La Sécurité régionale et la problème du regionalisme. Paris 1955. 310 S. V Ea 19268

7.Staatsrecht

Arneson,B.A.: The democratic Monarchies of Scandinavia. 2nd ed. Toronto 1949. 294 S. V Ea 19454

Aumüller,F.: Kriegsbasis Westdeutschland. Berlin 1957. 106 S. I Ea 19381

Bailey, S.D.: Parliamentary Government in Southern Asia. An introd. essay on developments in Burma, Ceylon, India and Pakistan, 1947-1952. London 1953. 100 S. V Ea 19450

Burns,J.McG.;J.W.Peltason: Government by the people. The dynamics of American national government. 3rd ed. Englewood Cliffs 1957. 839 S. V Ea 19544

Czachórski,W.: (Persönliches Eigentum im Lichte der Verfassung der Polnischen Volksrepublik, poln.:) Wlasność osobista w świetle konstytucji polskiej rzeczypos-politej ludowej. Warschau 1956. 110 S. IV Ea 20238

Dorošenko,E.A.;L.M.Kulagina: (Der Staatsaufbau Irans, russ.:) Gosudarstvennyj stroj Irana. Moskau 1957. 59 S. III Ea 18772

Duffy,F.J.: Reprint < 1956 > of excerpts from the political institutions and government of Norway. A Survey. Oslo 1956. 120 Bl. V Eb 486

Emerson,R.: Representative Government in Southeast Asia. With suppl. chapters by W.H.Elsbree and V.Thompson. Cambridge 1955. 197 S. V Ea 19109

Fel'dman,L.I.: Der Staatsaufbau der Türkei, russ.:) Gosudarstvennyj stroj Turcii. Moskau 1957. 29 S. III Ea 9140

Galloway,G.B.: The legislative Process in Congress. 2 nd print. New York 1955. 689 S. V Ea 19287

German Democracy at work, a selective study. Ed.ly J.K.Pollock. Michigan 1955. 208 S. V Ea 19289

Goodman,M.B.: Questions and answers on constitutional law and legal history. 6th ed. London 1956. 128 S. V Ea 19468

Goodman,W.: The Two-Party system in the United States. Princeton 1956. 694 S. V Ea 19451

Härlin, P.: Zypern. Prüfstein der Demokratie. Mit e.Anh.:" Meingn u. Dok." Stuttgart 1956. 46 S. II Ea 19327

Haupt,L.: Das Staatsrecht der Deutschen Demokratischen Republik. Die örtlichen Organe der Staatsmacht in der DDR. Für d.Fernstudium überarb. Vorlesg. Berlin 1957. 49 S. Ea 20289

Hirsch-Weber, W.;K.Schütz: Wähler und Gewählte. Eine Untersuchung der Bundestagswahlen 1953. Unter Mitarb. von P.Schran, M.Virchow u.a. Mit e.Vorw.v.O.Stammer. Berlin, Frankfurt/M. 1957. 462 S. II Ea 19486

Horn,R.A.: Groups and the constitution. Stanford California 1956. 187 S. V Ea 19540

Entzaubertes Indien. Hrsg.vom Dt.Friedensrat. Berlin 1956. 64 S. I Ea 19225

Kartun,D.: England zwischen gestern und morgen.(Aus d.Engl.) Berlin 1957. 190 S. I Ea 19396

Koenen,W.: Zur Entwicklung der Demokratie in Deutschland. Berlin 1957. 104 S. I Ea 18310

Die Kommunalwahlen in Hessen. Ergebnisse d.Gemeindewahlen u.Kreiswahlen v.4.Mai 1952. Wiesbaden 1952. 148 S. II Eb 465

Der Konkordatsprozeß. In Zsarb. mit H.Müller hrsg.von F.Giese u.F.A. Frhr.v.d.Heydte. Lfg 1-8. München 1956. S.1-1123 II Ea 19516

Kröger, H.: Die staatsrechtliche Bedeutung des Potsdamer Abkommens für das deutsche Volk. Ref.,geh.anläßl.e.Gedenkfeier zum 12.Jahrestag d.Unterzeichng d.Potsdamer Abkommens am 2.8.1951 in Schloß Cecilienhof. Erw.u.überarb.Fassg. Berlin 1957. 48 S. I Ea 19401

Lepeškin,A.I.: (Die örtlichen Machtorgane Sowjetstaates, russ.:) Mestnye organy vlasti sovetskogo gosudarstva. < 1917-1920 gg.> Moskau 1957. 303 S. III Ea 20191

Machnenko,A.Ch.: (Der Staatsaufbau der Volksrepublik Albanien,russ.:) Gosudarstvennyj stroj Narodnoj Respubliki Albanii. Moskau 1957. 75 S. III Ea 20337

Machnenko,A.Ch.: Der Staatsaufbau Italiens, russ.:) Gosudarstvennyj stroj Italii. Moskau 1956. 54 S. III Ea 5248

Mukerji,K.P.; S.Ramaswamy: Reorganisation of Indian States. Bombay 1955. 91 S. V Ea 19370

Mussatti,J.;Th.J.Shelly: The Constitution of the United States: Its origins,principles and problems. Text and questions on the text. Study gnide. Princeton 1956. 173 S. V Ea 19338

Pičugina, E.P.: (Das Recht auf Bildung in der UdSSR, russ.:) Pravo na obrazovanie v SSSR. Moskau 1957. 118 S. III Ea 16915

Ramaswamy, M.: The creative Role of the supreme court of the United States. Stanford 1956. 138 S. V Ea 19286

Ranney,A.;W.Kendall: Democracy and the American party system.Under the general ed.of Earl Latham New York 1956. 550 S. V Ea 19485

Red'ko,I.: (Die Indische Republik, russ.:) Respublika Indija. Taschkent 1956. 91 S. III Ea 18962

Reymond, O.: La Délégation du pouvoir de légiférer. Sa nature juridique d'après la pratique des autorités fédérales. Soleure 1950. 108 S. Bern,Jur.Fak.,Diss.v.15.2.1945 V Ea 16949

Ross,J.F.S.: Elections and electors. Studies in democratie representation. London 1955. 480 S. V Ea 19105

Schachtner, R.: Die deutschen Nachkriegswahlen. Wahlergebnisse in d. Bundesrep.Deutschland, in d.dt.Bundesländern, in West-Berlin, im Saarland u.in d.Sowjetzone < DDR > 1946-1956. Mit Verz.über d.Parteien u.Regiergn. München 1956. 98 S. II Eb 480

Tinker,H.: The Union of Burma. A study of the first years of independence. London 1957. 424 S. V Ea 19453

Stärkt die Macht der Arbeiter und Bauern durch die Verbessrung der Arbeit der örtlichen Organe der Staatsmacht. Rede d.Min.-Präs.O. Grotewohl u.Diskussionsbeitr.auf d.Magdeburger Konf.mit Vertretern d.örtl.Organe d.Staatsmacht. Berlin 1957. 76 S. I Ea 18869

Voblikov, D.R.: (Der Staatsaufbau Äthiopiens, russ.:) Gosudarstvennyj stroj Efiopii. Moskau 1957. 57 S. III Ea 19430

Vogel,W.: Westdeutschland 1945-1950. Der Aufbau von Verfassungs-u. Verwaltungseinrichtgn über d.Ländern d.drei westl.Besatzgszonen. T.1. Geschichtl.Überblick oberste beratende Stellen u.Einrichtgn f. Gesetzgebg, Verwaltg u.Rechtsprechg; einzelne Verwaltungszweige, Ernährg,Landwirtschaft u.Forsten. Als Ms.gedr. Koblenz 1956. 213 S. II Ea 19135

Wencker-Wildberg, F.: Europäische Fürstenhäuser einst und jetzt. Frankfurt/M. 1957. 155 S. II Ea 19284

Wynes,W.A.: Legislative, executive and judicial powers in Australia. Being a treatise on the distribution of legislative, executive and judicial powers of Commonwealth and States under the Commonwealth of Australia Constitution Act. 2nd ed. Sydney 1956. 768 S. V Ea 19318

Zink,H.: A Survey of American government. An abridgment of government and politics in the United States with new material. New York 1950. 809 S. V Ea 19455

8.Verwaltungsrecht

Adler, M.: Die Rechtsverhältnisse des Pressevertriebes der Deutschen Post in der Deutschen Demokratischen Republik. o.O.1957. 155,2,22 Bl. Halle/Wittenberg,Jur.Fak.,Diss.vom 3.April 1957 I Eb 809

Elleringmann,R.: Grundlagen der Kommunalverfassung und der Kommunalaufsicht. Stuttgart 1957. 128 S. II Ea 19219

Fröhler,L.: Die Staatsaufsicht über die Handwerkskammern. München, Berlin 1957. 103 S. II Ea 19478

Köttgen,A.: Die Gemeinde und der Bundesgesetzgeber. Stuttgart 1957. 105 S. II Ea 19217

(Die Kommunen, ihre Organisation u.Zuständigkeit, slowen.:) Komune, njihova organizacija i nadležnost. Sastavili: A.Jovanović [u.a.] Red. M.Kangrga. Belgrad 1955. 430 S. IV Ea 15534

Musina,S.A.: (Die Aufsicht des Staatsanwalts in der UdSSR.Method. Grundriß, russ.:) Prokurorskij nadzor v SSSR. Metodičeskoe posobie. Leningrad 1957. 73 S. III Ea 20039

Peters,H.: Lehrbuch der Verwaltung. Berlin,Göttingen,Heidelberg 1949. 559 S. II Ea 19509

Popović, S.: (Über den Verwaltungsrechtsstreit, slowen.:) O upravnom sporu. Belgrad 1955. 235 S. IV Ea 15910

White,L.D.: Introduction to the study of public administration. 4th.ed. New York 1955. 531 S. V Ea 19489

Wolff,H.J.: Verwaltungsrecht. Ein Studienbuch.2.,durchges.u.erg. Aufl.1. München,Berlin 1958. 341 S. II Ea 19467

9.Finanz-,Steuer-und Preisrecht

Piskotin,M.I.: (Die Steuern der Landbevölkerung in der UdSSR,russ.:) Nalogi s sel'skogo naselenija v SSSR. Pravovye voprosy. Moskau 1957. 197 S. III Ea 20195

Vetter,E.G.: Investitionslenkung. Möglichkeiten und Grenzen staatlicher Eingriffe in d.Aufbau der Produktion. Heidelberg 1956. 165 S. II Ea 19273

10.Strafrecht,Strafprozeß

Bemmann,G.: Zur Frage der objektiven Bedingungen der Strafbarkeit. Göttingen 1957. 65 S. II Ea 19531

Grundfragen der Bereinigung des Strafgesetzbuches unter bes.Berücks. d.Strafzwecke,d.Strafzumessngsnormen u.d.Tatbestandstechnik. Ref. von R.Lange, K.Schneidewin, H.Ackermann sowie Diskussionsbeitr., Thesen u.Beschlüsse. Tübingen 1952. 125 S. II Ea 19323

Brückner,G.: Die Jugendkriminalität. Erscheinungsformen, Ursachen, Behandlung. Hamburg 1956. 264 S. II Ea 19547

Cereteli,T.V.: (Der Kausalzusammenhang im Strafrecht, russ.:) Pričinnaja svjaz'v ugolovnon prave. Tbilisi 1957. 275 S. III Ea 20340

Chute,Ch.L.;M.Bell: Crime, Courts and probation.With an introd.by R.Pound. New York 1956. 268 S. V Ea 19290

Dombois,H.: Mensch und Strafe. Witten/Ruhr 1957. 164 S. II Ea 19413

Dreßler, U.: Das Strafrecht der Deutschen Demokratischen Republik. Allgemeiner Teil. Berlin 1957. 60 S. II Ea 20295

Edwards, L.L.J.: Mens Rea in statutory offences. London 1955. 297 S. V Ea 19337

Glover,E.R.: Probation and re-education. With a foreword by C. Reaveley. 2nd ed. London 1956. 292 S. V Ea 19490

Händel, K.: Strafrechtlicher Jugendschutz. Ein Wegweiser für Sozialpädagogen [u.a.] Berlin 1957. 144 S. II Ea 19492

Helie,F;J.Brouchot: Pratique criminelle des cours et tribunaux. Code d'instruction criminelle. 5e éd. T.1.2. Paris 1951. 2 Bde
Bd 1: 377,9 S. Bd 2: 431,9 S. V Ea 19394

Hélie,F.;J.Brouchot;F.Brouchot: Pratique criminelle des cours et tribunaux. Droit pénal. 6e éd. T.1.2. Paris 1954. 2 Bde
Bd 1: 247,10 S. Bd 2: 559,10 S. V Ea 19395

Hoyles,J.A.: The Treatment of the young delinquent. London 1952. 273 S. V Ea 18968

Kriger,G.A.: (Die Verantwortlichkeit wegen Entwendung staatlichen und gesellschaftlichen Eigentums im sowjetischen Strafrecht,russ.:) Otvetstvennost' za chiščenie gosudarstvennogo i obščestvennogo imuščestva po sovetskomu ugolovnomu pravu. Moskau 1957. 206 S.
III Ea 19566

Kurinov,B.A.: (Die strafrechtliche Verantwortlichkeit wegen Verletzung der Verkehrsregeln bei Autotransport, russ.:) Ugolovnaja otvetstvennost' za narušenie pravil dviženija na avtotransporte.
Moskau 1957. 139 S. III Ea 20342

Leferenz,H.: Die Kriminalität der Kinder. Eine kriminolog.-jugendpsychiatr. Untersuchg. Tübingen 1957. 140 S. II Ea 19322

Makašvili,V.G.: (Strafrechtliche Verantwortung wegen Fahrlässigkeit, russ.:) Ugolovnaja otvetstvennost' za neostorožnost'.
Moskau 1957. 208 S. III Ea 20341

Mimin,P.: Le Style des jugements.< vocabulaire - construction - dialectique - formes juridiques.> Préf.de P.Bouchardon. 3e éd.
Paris 1951. 392 S. V Ea 19387

Palmer,H.A.;H.Palmer: Harris's Criminal Law. 19th ed. London 1954. 708 S., 1 Suppl. V Ea 19465

Poláček,F.: (Der Tatbestand der strafbaren Handlung nach tschechoslowakischem Strafrecht, slowak.:) Skutková podstata trestného činu podl'a československého trestného prava. Bratislava 1957. 288 S.
IV Ea 20350

Das Protokoll im Strafprozeß. Referate v.H.Dünnebier, R.Glanzmann, C.F.von Stackelberg, sowie Thesen und Diskussionsbeiträge.
Tübingen 1956. 125 S. II Ea 19279

Radzinowicz,L.: A History of English criminal law and its administration from 1750. With a foreword by Macmillan. Vol.1: The movement for reform. Vol.2: The enforcement of the law. Vol.3: The reform of the police. London 1948-1956. 3 Bde Bd 1: 853 S. Bd 2: 751 S. Bd 3: 688 S. V Ea 19475

Salm, K.: Das versuchte Verbrechen. Studien zum Rechtsguts u.Verbrechensbegriff. Karlsruhe 1957. 186 S. II Ea 19331

Sandes,R.L.: Criminal Law and procedure in the Republic of Ireland. With a forewerd by A.Maguire. 3rd ed. London 1951. 212 S. V Ea 19471

Šargorodskij,M.A.: (Die Strafe nach dem Strafrecht der Ausbeutergesellschaft, russ.:) Nakazanie po ugolovnomu pravu ekspluatatorskogo obščestva. Moskau 1957. 303 S. III Ea 19308

Smirnov, V.G.: (Der Begriff der Beteiligung im sowjetischen Strafrecht, russ.:) Ponjatie prikosnovennosti po sovetskomy ugolovnomu pravu. Leningrad 1957. 127 S. III Ea 20201

Welzel,H.: Das neue Bild des Strafrechtssystems. Eine Einf.in d. finale Handlungslehre. 3.,erw.Aufl. Göttingen 1957. 72 S. II Ea 19479

Zilboorg, G.: The psychology of the criminal act and punishment. London 1955. 150 S. V Ea 19404

11.Kriminalistik,Gerichtliche Medizin,Gerichtspsychiatrie,-psychologie

Bauer,W.: Geschichte und Wesen der Prostitution. Verf.unter Mitarb. von R.Waldegg mit Beitr.von W.Heinz. Vorw.von H.Neukirchner. Stuttgart 1956. 312 S. II Ea 19336

Houts,M.: From Evidence to proof. A searching analysis of methods to establish fact. Springfield 1956. 396 S. V Ea 19216

Hübner,H.: Ist Ihr Betrieb gegen Unredlichkeiten gesichert? Die Gestaltg d.Betriebsorganisation zur Vorbeugg gegen Unterschlagg, Diebstahl,Betrug,Durchstechereien u.Bilanzdelikte. Stuttgart 1957. 93 S. II Ea 19335

Meixner,F.: Kriminaltaktik in Einzeldarstellungen. Bd 1.2. Hamburg 1954. 2 Bde Bd 1: 215 S. Bd 2: 208 S. II Ea 19476

Schäfer,H.: Hexenmacht und Hexenjagd. Ein Beitr. zum Problem d.kriminellen Folgen d.Hexenaberglaubens d.Gegenwart. Unten Mitarb.von H.H.Wendte. Hamburg 1955. 94 S. I Ea 19546

12.Gerichtsverfassung(einschließlich Staatsanwaltschaft Justizverwaltung,Notariat,Anwaltschaft)

Aumann,F.R.: The Instrumentalities of justice: Their forms, functions and limitations. Columbus, Ohio 1956. 137 S. V Ea 19542

Williams,J.S.: The Supreme Court speaks. Austin 1957. 465 S. V Ea 19472

13.Zivilrecht

Aubry,C.;C.Rau: Cours de droit civil français d'après la méthode de Zachariae. 6e éd. Revue et mise au courant de la législation et de la jurisprudence par E.Bartin. T.1-12 [u.] Suppl. Paris 1918-1957 13 Bde Ea 19389

Blagojevic, B.T.: (Das Erbrecht der Föderativen Volksrepublik Jugoslawien nebst Überblick über die Rechte anderer Staaten, serb.:) Nasledno pravo FNRJ s osvrtom ma prava drugich država. Belgrad 1955. 436 S. IV Ea 15888

Braude,I.L.: (Rechtliche Fragen des inviduellen Wohnungbaus, russ.:) Pravovye voprosy individual'-nogo žiliščnogo stroitel'stva. Moskau 1957. 103 S. III Ea 19239

Buch,H.: Das Sachenrecht der Deutschen Demokratischen Republik. Teil I -Eigentumsrecht- Überarb.2.Aufl. Berlin 1957. 80 S. Ea 20285

Cheshire,G.C.;C.H.S.Fifoot: The Law of contract. 4th ed. London 1956. 556 S. V Ea 19460

The Code Napoleon and the Common-law world. Ed.by B.Schwartz. The sesquicentennial lectures delivered at the law center of New York Unive december 13-15, 1954. New York 1956. 438 S. V Ea 19452

Colotka,P.: (Das persönliche Eigentum, slowak.:) Osobné vlastníctvo.1. Bratislava 1956. 208 S. IV Ea 20080

Gams,A.: (Grundlagen des Sachenrechts, serb.:) Osnovi stvarnog prava. Belgrad 1955. 267 S. IV Ea 15896

Grzybowski,St.M.: (Der Schutz des persönlichen Eigentums nach den allg.Bedingungen des Zivilrechts, poln.:) Ochrona dóbr osobistych wedlug przepisów ogólnych prawa cywilnego. Warschau 1957. 206 S. IV Ea 16686

Luby,Št.: (Die Geschichte des Privatrechts in der Slovakei, slowak.:) Dejiny súkromného práva na slovenskú. Bratislava 1946. 536 S. IV Ea 20348

Ohanowicz,A.: (Ungerechtfertigte Bereicherung, poln.:) Niesluszne wzbogacenie. Warszawa 1956. 461 S. IV Ea 20305

Planiol,M.;G.Ripert: Traité pratique de droit civil francais. 2e éd. Tom 1-8. 10-13. Paris 1952-1957. 12 Bde V Ea 19507

Pužman,J.: Die Rechtsansprüche und die Prozeßanträge, tschech.:) Právní nároky a procesní návrhy. Prag 1957. 445 S. IV Ea 20054

Street,H.: The Law of torts. London 1955. 555 S. V Ea 19123

Wasilkowski,J.: (Abriß des Sachenrechts, poln.:) Prawo rzeczowe w zacysie. Warschau 1957. 407 S. IV Ea 20306

Dt.Akademie für Staats-und Rechtswissenschaft "Walter Ulbricht". Das Zivilrecht der Deutschen Demokratischen Republik. Allg.Lehren. Studienanltg f.d.Fernstudium. Ausgearb.von W.Artzt u.a. Überarb. 3.Aufl. Berlin 1957. 144 S. I Ea 20543

(Die Zivilrechtskonferenz,tschech.:) Občanskoprávni konference konaná v Brne ve dnech 25.-27.září 1956. Brno 1956. getr.Pag.IV Eb 818

14.Urheber-und Erfinderrecht

Aronovič,A.M.: (Rechtsfragen im Erfindungs-und Rationalisierungswesen des sowjetischen Handels, russ.:) Pravovye voprosy izobretatel'stva i racionalizacii v sovetskoj torgovle. Moskau 1956. 59 S. III Ea 18379

15.Vertragssystem und vertragsgerichtliches Verfahren

Baloga,N.: (Geschäfte des Wirtschaftsrechts, serb.:) Poslovi privrednog prava. Belgrad 1952. 334 S. IV Ea 15892

Bargfried,B.: (Die Vorbereitung von Investitionsvorhaben, tschech.:) Příprava investičních záměru. Prag 1957. 68 S. IV Ea 18853

(Fragen des sowjetischen Transportrechts,russ.:) Voprosy sovetskogo transportnogo prava. Moskau 1957. 294 S. III Ea 20190

Lapirov-Skoblo,M.Ja.: (Fragen der Güte und Vollständigkeit der Produktion in der Praxis der staatlichen Arbitrage, russ.:) Voprosy kačestva i komplektnosti produkcii v praktike gosarbitraža. Moskau 1957. 105 S. III Ea 18855

Novickij,I.B.;K.A.Grave;B.A.Liskovec: (Die rechtliche Regelung des Warenumlaufs zwischen Stadt und Dorf, russ.:) Pravovoe regulirovanie tovarooborota meždu gorodom i derevnej. Moskau 1956. 270 S. III Ea 16840

(Verträge über die Ausnützung von Seeschiffen. Sammlung von Gerichtsurteilen, slowen.:) Ugovori o iskoriščivanju brodova na moru.Zbornik rasprava. Zagreb 1951. 297 S. IV Ea 16262

16.Handelsrecht,Wertpapierrecht,Kartell-und Wettbewerbsrecht

Gayler,J.L.: Industrial Law. London 1955. 362 S. V Ea 19259

Lamb,G.P.;S.S.Kittelle: Trade Association law and practice. Boston,Toronto 1956. 284 S. V Ea 19419

Pilić,V.: (Seeversicherung im Aussenhandel, slowen.:) Pomorsko osiguranje u spoljnoj trgovini. Belgrad 1955. 99 S. IV Ea 16247

Rousseau, J.: Traité des sociétés à respomsabilité limitée. Régime jurid.et fiscal. Paris 1952. 631 S. V Ea 19388

Strauß,W.: Entwicklung und Probleme des heutigen Wirtschaftsrechts. Vortrag geh.v.d.Jurist.Studienges. in Karlsruhe am 22.Febr.1957. Karlsruhe 1957. 26 S. II Ea 19330

Trade terms. Handelsübliche Vertragsformeln. Annoted synoptic tables. Synopt. Tab.mit Anm. [Text engl.u.dt.] Paris 1953. 135 S. V Eb 462

17.LPG-Recht,Bodenrecht,Landwirtschaftsrecht

(Die Agrarreform in den volksdemokratischen Ländern Asiens,russ.:) Agrarnye preobrazovanija v narodno-demokraticeskich stranach Azii. Otvetstv.red.E.F.Kovalev. Moskau 1957. 229 S. III Ea 19564

Grigor'ev,S.T.: (Die Rechte und Pflichten der Revisionskommissionen in den Kollektivwirtschaften, russ.:) Prava i objazannosti revizionnych komissij kolchozov. Moskau 1957. 77 S. III Ea 20336

Ourliac,P.;M.de Juglart: Fermage et métayage dans la législation récente. 3e ed. Grundw.u.Suppl. Paris 1951-1954. 2 Bde V Ea 19393

Podoprigora,Z.A.: (Der zivilrechtliche Schutz des kollektivwirtschaftlichen Eigentums, russ.:) Graždanskopravovaja zaščita kolchoznoj sobstvennosti. Moskau 1957. 88 S. III Ea 20329

Rozier,J.: Les Coopératives agricoles. Statut juridique constitution gestion financement. Avant propos de P.Martin.Préf.de M.Palmade. Paris 1952. 570 S. V Ea 19392

18.Familienrecht

Guzińska,M.;P.Zakrzewski: (Die Erfahrungen eines gerichtlich bestellten Pflegers auf Grund von 100 Aufsichten über Minderjährige,poln.:) Doświadczenia kuratora sądowego w świetle 100 dozorów nad nieletnimi. Warschau 1957. 232 S. IV Ea 20049

19.Zivilprozeß und Freiwillige Gerichtsbarkeit

Harwood,B.A.: Odgers' Principles of pleading and practice in civil actions in the High Court of Justice. 16 th ed. London 1957. 534 S. V Ea 19102

Marković,M.Č.: (Theorie des Zivilprozeßverfahrens, serb.:) Teorija gradanskog parničnog postunka. Belgrad 1948. 176 S. IV Ea 15895

Noack,W.: Die Vollstreckungspraxis einschl.Gerichtsvollzieherwesen. Nach d.Stand v.20.8.1954. Hannover 1954. 328 S. II Ea 18928

Ring,M.: (Fragen der Zivilprozeßordnung in der Praxis des Obersten Gerichts der UdSSR, russ.:) Voprosy graždanskogo processa v praktike verchovnogo suda SSSR. Moskau 1957. 274 S. III Ea 20343

Dt.Akademie für Staats-und Rechtswissenschaft"Walter Ulbricht". Das Zivilprozeßrecht der Deutschen Demokratischen Republik.Studiemanltg f.d.Fernstudium. Ausgearb.von H.Püschel. Berlin 1957. 40 S. I Ea 20549

20.Arbeits-und Sozialrecht incl.Verfahren

Betriebliche Altersversorgung und Rentenreform. Im Auftr.d.Arbeitsgemeinschaft f.betriebl.Altersversorgg unter Mitarb.v... hrsg.von A.Weiß. Berlin,Bielefeld,München 1957. 72 S. II Ea 19319

Organisation internationale du Travail.Le Bien-être dans l'industrie de la construction. 2me question à l'ordre du jour. Genf 1950. 38 S. V Ea 18450

Gincburg,L.Ja.: (Die Arbeitsurlaube der Arbeiter und Angestellten, russ.:) Trudovye otpuska rabočich i služaščich. Moskau 1957. 129 S. III Ea 18964

Huhle,F.: Die betrieblichen Sozialleistungen. E. Begriffsanalyse. Berlin 1957. 48 S. II Ea 19278

Jenks,C.W.: The international Protection of trade union freedom. London 1957. 592 S. V Ea 19483

Internationale Arbeitskonferenz. 39.Tagg. Genf 1956. [Beschlußvorlagen zum] 4.-8.Punkt der Tagesordnung. Genf 1956. [Vorlagen 4-8]: V Ea 20057 - V Ea 20061

Internationale Arbeitskonferenz. 40.Tagg. Genf 1956. 7.Punkt d.Tagesordnung. Diskriminierung in Beschäftigung und Beruf. Genf 1956. 48 S. V Ea 20062

Karavaev,V.V.;V.I.Nikitinskij: (Das Dienstalter der Arbeiter und Angestellten, russ.:) Trudovoj staž rabočich i služaščich. Moskau 1957. 93 S. III Ea 18859

Liebscher,G.;G.Thude: Die kurzfristigen Barleistungen der Sozialversicherung der Arbeiter und Angestellten in der Deutschen Demokratischen Republik bei Arbeitsunfähigkeit und im Falle der Mutterschaft. Berlin 1957. 108 S. I Ea 19301

Panova,E.A.: (Das Sowjetrecht - ein Mittel der Erziehung zum kommunistischen Verhalten zur Arbeit, russ.:) Sovetskoe pravoorudie vospitanija kommunističeskogo otnošenija k trudu. Moskau 1957. 124 S. III Ea 16916

Bureau international du travail. La Sécurité sociale: Etude internationale. Genf 1950. 280 S. V Ea 18446

21.Internationales Privatrecht

Ago,R.: Lezioni di diritto internazionale privato. Parte generale. Mailand 1955. 214 S. V Ea 19374

Altunov,I.: (Das System des internationalen Privatrechts in der Volksrepublik Bulgarien, bulg.:) Meždunarodno-častnopravnata sistema na narodna republika bulgarija. Sofija 1955. 410 S. IV Ea 19039

(Fragen des internationalen Privatrechts, russ.:) Voprosy meždunarodnogo častnogo prava. Moskau 1956. 238 S. III Ea 20192

Gallardo,R.: La Solution des conflicts de lois dans les pays de l'Amérique Latine. Divorce, separation de corps et nullité du mariage Préf.de J.Mansy. Paris 1956. 316 S. V Ea 19418

22.Festschriften

Festschrift für Erwin Jacobi. Herrn Prof.D.Dr.Erwin Jacobi aus Anlaß der fünfzigsten Wiederkehr seiner Promotion an der Juristenfakultät zu Leipzig überreicht. Berlin 1957. 486 S. I Ea 20298

L'Homme criminel. Ètudes d'aujourd'hui. [Festschrift für]E.de Greef à l'occasion des 25. ans du professorat. T.1. Louvain 1956. 256 S. V Ea 18819

D. ÜBERSETZUNGEN AUS DER ZEITSCHRIFT "SOVETSKOE GOSUDARSTVO I PRAVO [1])

Inhaltsverzeichnis von 1957, Heft 12:

Vorschläge zur Vervollkommnung der Gesetzgebung

Diskussionen und Erörterungen

1) Die hier angezeigten Artikel werden laufend übersetzt und sind gemäß der Benutzungsordnung der Bibliothek des Deutschen Instituts für Rechtswissenschaft ausleihfähig.

Mitteilungen und Bemerkungen

Bär, H. (DDR): Über die Vertretung der Staaten im Wirtschafts- und Sozialrat. S.118-121

Bel'son, Ja.M.: Die Probleme des modernen englischen Parlamentarismus in der bürgerlichen Rechtswissenschaft. S.122-128

Wissenschaftliches Leben

Roščin, V.N.; V.N.Kalinin (Roschtschin, W.N.): Die wissenschaftliche Konferenz über das sowjetische Besserungsarbeitsrecht. S.129-131

Aleškov, M.V. (Aleschkow, M.W.): Die Erörterung der wissenschaftlichen Arbeit durch die Praktiker. S.132-133

Semjon Sewastjanowitsch Studenikin (Semen Sevast'janovič) S.134

Rezensionen

Rajcher, V.K.; E.S.Kompaneec (Kompanejez, E.S.): E.A.Flejšic (E.A.Flejschiz) Die Verrechnungs- und Kreditrechtsverhältnisse. S.135-141

Kiseniškij, M.M. (Kisenischskij, M.M.): V.F.Kiričenko (W.F.Kiritschenko) Die Verantwortlichkeit für Amtsverbrechen nach dem sowjetischen Strafrecht (Allgemeine Fragen) S.142-144

Sternik, I.B.: V.M.Petrenko: Die Gewährleistung des Rechts des Beschuldigten auf Verteidigung nach der sowjetischen Gesetzgebung. S.144-145

Gurevič, M.G. (Gurjewitsch, M.G.): I.B.Novickij, K.A.Grave, B.A.Liskovec: (I.B.Nowizkij, B.A.Liskowez:) Die rechtliche Regelung der Warenzirkulation zwischen Stadt und Land. S.145-148

Dem'janenko, V.N. (Demjanenko, W.M.): M.I.Kozyr': (M.I.Kosir:) Die Objekte des kollektivwirtschaftlichen Eigentumsrechts und ihre rechtliche Regelung (Rez.) S.149-151

Rechtswissenschaft im Ausland

Staršinov, I.A. (Starschinow, I.A.): Das Studium des Sowjetrechts in Japan. S.152-155

Bibliographie

Neue juristische Literatur der UdSSR (August-September 1957) S.156-159

Inhaltsverzeichnis von 1958, Heft 1:

Artikel

Zimin, I.N. (Simin, I.N.): Die neue Verordnung über den Dorfsowjet der Deputierten der Werktätigen der RSFSR. S.3 - 11

Perlov,I.D.: Über die notwendigen Grenzen der Zentralisierung der Organe der Staatsanwaltschaft in Anbetracht der Erweiterung der Befugnisse der Unionsrepubliken. S.12 - 24

Pribluda,A.S.: Der Vertrag über Versuchs-Konstruktionsarbeiten. S.25 - 34

Pankratov,I.F.: Neues über die rechtliche Regelung der materiellen Versorgung der nicht arbeitsfähigen Mitglieder von Kollektivwirtschaften. S.35 - 42

Gol'diner,V.D.(Goldiner,W.D.): Das Motiv des Verbrechens und seine Bedeutung im sowjetischen Strafrecht. S.43 - 52

Kurylev,S.V.(Kuriljew,S.W.): Über das Klagerecht. S.53 - 61

Starušenko,G.B.(Staruschjenko,G.B.): Gegen die Entstellung des Prinzips der Selbstbestimmung der Völker und Nationen. S.62 - 70

Lunev,A.E.(Lunjew,A.E.): Die Formen der Teilnahme der Volksmassen an der Arbeit der staatlichen Organe in der Volksrepublik China. S.71 - 79

Bobrov,R.L.: Zwei Fragen der Theorie der Anerkennung neuer Staaten und Regierungen. S.80 - 88

Diskussionen und Erörterungen

Piskotin,M.I.: Über die Funktionen des Sowjetstaates in der gegenwärtigen Periode. S.89 -100

Über das System des sozialistischen Sowjetrechts. S.101-108

Übersichten über die Gerichts und Arbitragepraxis

Rozenkranc,S.S.(Rosenkranz,S.S.): Aus der Praxis der Gerichte in Verfahren über die Arbeitswiederaufnahme. S.109-114

Mitteilungen und Bemerkungen

Belkin, R.S.: Über das Wesen, die taktischen Ziele und die Abarten des Untersuchungsexperimentes. S.115-119

Geršman,I.M.(Gerschman,I.M.): Einige prozessuale Fragen der Zivilklage im Strafverfahren. S.120-121

Zelikson,E.S.(Selikson,E.S.): Über das revolutionäre Militärgericht. S.122-125

Šabad,B.A.(Schabad,B.A.): Einige charakteristische Merkmale der modernen bürgerlichen Lehren vom Staat. S.126-132

Wissenschaftliches Leben

Aus dem Sektor Zivilrecht und Zivilprozeß des Rechtsinstituts der Akademie der Wissenschaften der UdSSR. S.133-135

Menžinskij,V.I.(Menshinskij,W.I.): Das internationale Seminar der Studenten der juristischen Fakultäten. S.136-142

Gajdukov,D.A.: Über die Sitzungen "Am runden Tisch" des Internationalen Instituts für Verwaltungswissenschaften. S.143-146

Rezensionen

Kečekʼjan,S.F.(Ketschekjan,S.F.): u.a. Die Verfassungen und die Gesetzgebungsakte der bürgerlichen Staaten (17.- 19. Jahrhundert), England, USA, Frankreich, Italien, Deutschland, Dokumentensammlung. S.147-152)

Bibliographie

Verzeichnis der in der Zeitschrift "Sowjetstaat und Sowjetrecht" im Jahre 1957 veröffentlichten Artikel. S.153-160

E. 16.(30.) VERZEICHNIS DER IN DER BIBLIOTHEK DES DEUTSCHEN INSTITUTS FÜR RECHTSWISSENSCHAFT VORHANDENEN UNVERÖFFENTLICHTEN ÜBERSETZUNGEN 1)

1. Gesetzesmaterialien und Dokumente (auch Verfassungen und Kurzkommentare)

Vertragssystem der ČSR

8. Regierungsverordnung vom 22. Februar 1956 "Über die Abgabe und Übernahme fertiggestellter Bauvorhaben oder ihrer einzelnen Teilobjekte sowie über die Genehmigung ihrer Inbetriebnahme < Nutzung >". Vládní nařízení zedne 22.února 1956" O odevzdání a převzetí dokončených staveb nebo jejich částí a o povolení k jejich uvedení do trvalého provozu < užívání >"[dt.] 23 S.
Aus: Sbírka zákonu v 28.3.1956. ÜT 489

178. Bekanntmachung des Hauptarbiters der Tschechoslowakischen Republik vom 24. August 1956, durch die Richtlinien über den Abschluss von Wirtschaftsverträgen für das Jahr 1957 erlassen werden. Vyhláska hlavního arbitra republiky Československe ze dne 24. srpna 1956, kterou de vydávaji směrnice pro uzavírání hospodářských smluv na rok 1957 [dt.] 16 S.
Aus: Uřední list Česk. republiky v.30.8.1956. ÜT 491

44. Gesetzliche Verfügung des Präsidiums der Nationalversammlung vom 20. September 1956 "Über die Dokumentation des Investitionsaufbaues". Zákonné opatření předsednictva Narodního shromáždění ze dne 20. září 1956 "O dokumentaci investiční výstavby" [dt.] 15 S.
Aus: Sbírka zákonu v.29.9.1956. ÜT 490

9. Regierungsverordnung vom 22. Februar 1956 "Über die Lieferung und Abnahme von kompletten Investitionsanlagen im Export". Vládní nařízení ze dne 22. února 1956 "O dodávce a odběru vývozních investičních celku" [dt.] 16 S.
Aus: Sbírka zákonu v.28.3.1956. ÜT 493

Bekanntmachung über die Lieferung von Exportwaren. Vyhláška o podmínkách pro dodávky zboží vývoz [dt.] 9 S.
Aus: Uřední list 1952/166.

1) Die hier angezeigte Literatur ist gemäß der Benutzungsordnung der Bibliothek des Deutschen Instituts für Rechtswissenschaft für die Mitglieder des Deutschen Instituts für Rechtswissenschaft, Ministerien und zentrale Institutionen der Deutschen Demokratischen Republik und nach der Leihverkehrsordnung der Bibliotheken ausleihfähig.- Verzeichnis 1 - 4 erschien hektographiert, Verzeichnis 5 - 14 ist enthalten im Mitteilungsblatt des Deutschen Instituts für Rechtswissenschaft 1953, Nr.1 - 1955, Nr. 3

37.Regierungsverordnung vom 27.April 1953. "Über Art und Frist der Vorlage von Reklamationen bei Lieferungen nicht qualitätsgerechter u.unvollständiger Erzeugnisse."
Vládní nařízení ze dne 27.dubna 1953." O zpusobu a lhutách předkládání reklamací při dodávkách nekvalitních a nekompletních výrobku a výrobku." [dt.] 18 S.
Aus: Sbírka zákonu v.16.5.1953. ÜT 498

33.Regierungsverordnung vom 16.Juni 1954. "Über Art u.Fristen der Vorlage von Reklamationen bei Lieferungen nicht qualitätsgerechter u.nicht vollständiger Erzeugnisse. "Vládní nařízení ze dne 16.července 1954. "O zpusobu a lhutách předkládání reklamací při dodávkách nekvalitních a nekompletních výrobku a výrobku." [dt.] 3 S.
Aus: Sbírka zákonu v.11.8.1954. ÜT 494

109.Regierungsverordnung vom 8.November 1953. "Über das Verfahren u. die Fristen bei der Geltendmachung von Reklamationen bei Lieferungen nicht qualitätsgerechter u.nicht kompletter Erzeugnisse". Vládní nařízení ze dne 8.prosince 1953. "O zpusobu a lhutách předkladání reklamací při dodávkách nekvalitních a nekompletních výrobku a vý robku" [dt.] 1 S.
Aus: Sbírka zákonu v.31.11.1953. ÜT 499

47.Regierungsverordnung vom 12.Mai 1953. "Über die staatliche Arbitrage". Vládní nařízení ze dne 12.května 1953 "O státní arbitráži" [dt.] 10 S.
Aus: Sbírka zákonu v.8.6.1953. ÜT 496

45.Regierungsverordnung vom 21.September 1954 zur Änderung und Ergänzung der Regierungsverordnung über die staatliche Arbitrage. Vládní nařízení ze dne 21.září 1954, kterým se mění a doplnuje vládní nařízení o státní arbitráži [dt.] 4 S.
Aus: Sbírka zákonu v.23.10.1954. ÜT 495

66.Bekanntmachung des Hauptarbiters der ČSR vom 31.März 1956 über die Regelung von Vermögenssanktionen bei Lieferungen von Exportwaren. Vyhláška hlavního arbitra republiky Československé kterou se upravnij majetkové sankce při dodávkách zbozi pro vyvoz [dt.] 2 S.
Aus: Sbírka zakonu 1956/34. ÜT 386

6.Gesetzliche Verfügung des Präsidiums der Nationalversammlung über Wirtschaftsbauverträge.Zákonné opatření předsednictva Národního shromáždění ze dne 14.února 1957 o hospodářakých stavebnich smlouvách. [dt.] 21 S.
Aus: Sbírka zákonu v.11.3.1957. ÜT 492

33.Regierungsverordnung vom 28.Mai 1955. "Über die Wirtschaftsverträge ". Vládní nařízení ze dne 28.května 1955 "O hospodářských smlouvách" [dt.] 16 S.
Aus: Sbírka zákonu v.20.7.1955. ÜT 497

=.=.=.=.=.=.=.=.=.=.=.=.=.=.=

Erlass des Präsidiums des Obersten Sowjets der UdSSR "Über die Amnestie" zur Feier des 40.Jahrestages der Grossen Sozialistischen Oktoberrevolution. Ukaz Prezidiuma Verchovnogo Soveta SSSR Ob amnistii v oznamenovanie 40-j godovščiny Velikoj Oktjabr'skoj socialističeskoj revoljucii [dt.] 3 S.
Aus: Izvestija, Nr 261 v.2.11.1957. ÜR 1060

Entscheidung des Präsidenten und der Regierung der Republik über die Amnestie. Rozhodnutí presidenta a vlády republiky o amnestii [dt.] 5 S.
Aus: Rudé právo, Nr 333 v.1.12.1957.
[Betr.: ČSR.] ÜT 483

Regierungsverordnung vom 10.August 1955 über Massnahmen auf dem Gebiete der wirtschaftstechnischen Bodenregulierung. Nařízení o opatřeních v oboru hospodářskotechnických úprav pozemku [dt.] 11 S.
Aus: Sbírka zákonu ČSR. 1955/26. ÜT 481

Die Musterstatuten der LEG, die durch den 3.Gesamtstaatlichen Kongress der LEG und die Regierung der Tschechoslowakischen Republik am 3.Mai 1957 genehmigt wurden. Vzerové stanovy JZD a vládou republiky Ceskoslovenské dne 3.kietna 1957. [dt.] - Richtlinien des Ministeriums für Land-und Forstwirtschaft über die Ausarbeitung der Statuten der LEG, deren Bestätigung u.Registrierung. Směrnice ministerstva zemědělství a lesního hospodářstvi o vypracovávání stanov JZD, jejsich potvrzování a registraci [dt.] 42 S.
Aus: Úřední list ČSR 1957, T.48. ÜT 461

Das Personen - und Familiengesetz. Zakon za lizata i semejstvoto [dt.] 58 S.
Aus: Sbornik graždanskij zakoni. 1956, S.19-49.
[Betr.: Bulgarien.] ÜB 177

64.Gesetz vom 19.Dezember 1956 über das gerichtliche Strafverfahren (Strafprozessordnung). [dt.] 162 S.
Aus: Sbírka zákonu ČSR. 1956/Nr 33. ÜT 472

2.Philosophie

Kovalev,S.: Die Überreste des Kapitalismus im Bewusstsein der Menschen im Sozialismus und die Wege zu ihrer Überwindung. Perežitki kapitalizma v soznanii ljudej pri socializme i puti ich preodolenija [dt.] 32 S.
Aus: Kommunist. 1957, Nr 3.
[Betr.: UdSSR.] ÜR 1004

Novik,I.B.: Über die Kategorien "Ding" und"Beziehung" O kategorijach << vešč'>> i << otnošenie >> [dt.] 13 S.
Aus: Voprosy filosofii. 1957/4. ÜR 1031

3.Rechtswissenschaft (Aufgaben und Methoden)

Knapp,V.: Die Bedeutung der sowjetischen Rechtswissenschaft für die Entwicklung der sozialistischen Rechtswissenschaft und des marxistischen Rechtsdenkens in der ČSR. Význam sovětské právní vědy pro vývoj socialistické právní vědy a marxistického právního myšlení v Československu [dt.] 12 S.
Aus: Právnik. 1957/9 ÜT 487

[Verf.: A.A. und M.Soz.] Tagung des Ausschusses für Rechtswissenschaft an der Polnischen Akademie der Wissenschaften. Posiedzenie komitetu nauk prawnych Polskiej Akademii Nauk [dt.] (8.-9.Apr.in Wroclaw) 18 S.
Aus: Państwo i prawo. 1957/7-8.

4.Staats- und Rechtstheorie

Bratus',S.N.: Einige Fragen der Rechtstheorie in den Werken W.I. Lenins. 42 S.
O.O.u.J. ÜR 1043

Gašpar,M.: Einige Rechtsprobleme der wirtschaftlich-organisatorischen Tätigkeit des volksdemokratischen Staates. Niektoré právne problémy hospodársko-organisačnej činnasti ludovodemokratického státu [dt.] 29 S.
Aus: Právnické štúdie. 1957/3.
[Betr.: Slowakei.] ÜS 116

Kalinin,M.I.u.a.: Über die revolutionäre Gesetzlichkeit, das Gericht und die Staatsanwaltschaft. [Zitate] O revoljucionnoj zakonnosti, sude i prokurature [dt.] 13 S.
Aus: Socialističeskaja zakonnost'. 1957/10.
[Betr.: UdSSR.] ÜR 1033

Lustacz,L.: Über die ausserverfassungsmässigen Formen der rechtschöpferischen Tätigkeit. O pozakonstytucyjnych formach dzialalności prawotwórczej [dt.] 27 S.
Aus: Państwo i prawo. 1957/7-8.
[Betr.: Polen.] ÜP 606

Nikolaev,V.V.(Nikolajew,W.W.): Über die wichtigsten Entwicklungsetappen des sowjetischen sozialistischen Staates. O glavnych etappach razvitija sovetskogo socialističeskogo gosudarstva [dt.] 37 S.
Aus: Sovetskaja justicija. 1957/Nr.4. ÜR 1008

Nowacki,J.: Verschiedene Fragen über die Regeln des gesellschaftlichen Zusammenlebens. Niektóre zagadnienia zasad współzycia społecznego [dt.] 37 S.
Aus: Państwo i prawo. 1957/7-8.
[Betr.: Polen.] ÜP 600

Peschka,V.: Diskussion in der sowjetischen Rechtstheorie über den Rechtsbegriff. Vita a jogfogalomról a szovjet jogelméletben. [dt.] 17,2 S.
Aus: Jogtudományi közlöny. Jg 12,1957/4-6. ÜUn 210

5.Geschichte der Staats-und Rechtstheorie

Keine Eingänge

6.Staats-und Rechtsgeschichte

Radwański,Z.: - Wasicki, Jan: Die Einführung des Landrechts in den polnischen Gebieten. Wyprowadzenie Pruskiego Prawa Krajowego na ziemiach polskich [dt.] 70 S.
Aus: Czasopismo Prawno-Historyczne. Bd 6,1. ÜP 615

7.Völkerrecht und Außenpolitik

Kania,A.: Die internationale Gewährleistung der Sicherheit der Seeschiffahrt. Mezinárodní zajištění bezpečnosti námořní plavby [dt.] 22 S.
Aus: Časopis pro mezinárodní právo. 1957/4.
[Betr.: ČSR.] ÜT 502

Tagung der wissenschaftlichen Mitarbeiter auf dem Gebiet des Völkerrechts im Ministerium für das Hochschulwesen. Narada pracowników naukowych prawa miedzynarodowego w Ministerstwie Szkolnictwa Wyzszego [dt.] [Verf.: W. G.] 10 S.
Aus: Państwo i prawo. 1957/7-8.
[Betr.: Polen.] ÜP 610

8.Staatsrecht

Burda, A.: Einige Fragen der Geschäftsordnung des Sejms in Volkspolen. Niektóre zagadnienia regulaminu sejmowego w Polsce Ludowej [dt.] 43 S.
Aus: Państwo i prawo. 1957/6. ÜP 592

Polemik "Über das persönliche Eigentum im Lichte unserer Verfassung". Polemika "O wlasności osobistej w świetle naszej Konstytucji" [dt.] 18 S.
Aus: Państwo i prawo. 1954/Nr 1. ÜP 612

Bemerkungen zu dem Artikel von Jan Namitkiewicz. Uwagi w zwiazku z artykułem Jana Namitkiewicza [dt.] (Betr.: Eigentumsbegriff des Art.13 Vfssg Polen) 23 S.
Aus: Państwo i prawo. 1954/Nr 1. ÜP 597

9.Gerichtsverfassung(einschließlich Staatsanwaltschaft, Justizverwaltung,Notariat und Anwaltschaft)

Lukaszkiewicz,Z.: Fragen der Wiedereinführung der Zuständigkeit der ordentlichen Gerichte für Verwaltungsstrafsachen. Zagadnienia przywrócenia kompetencji sadlów powszechnych w sprawach karno-administracyjnych [dt.] 9 S.
Aus: Państwo i prawo. 1957/9.
[Betr.: Polen.] ÜP 608

10.Verwaltungsrecht und Allgemeine Aufsicht des Staatsanwalts

Raskin,K.: Die Aufsichtskommissiomen bei den Exekutivkomitees der Sowjets. Nabljudatel'nye komissii pri ispolkomach Sovetov [dt.] 4 S.
Aus: Izvestija, Nr 281 v.27.11.1957. ÜR 1058

Starościak,J.: Die gerichtliche Kontrolle im System der Massnahmen zur Sicherung der Gesetzlichkeit der Verwaltungstätigkeit. Kontrola sadowa w systemie środków zabezpieczenia praworzadności dzialania administracji [dt.] 35 S.
Aus: Państwo i prawo. 1957/6.
[Betr.: Polen.] ÜP 602

11.Finanzrecht

Keine Eingänge

12.Strafrecht,Strafprozeß

Anaškin, G.: Vordringliche Fragen aus der Praxis der Besserungsarbeit.Neotložnye voprosy ispravitel'no-trudovoj praktiki [dt.] 14 S.
Aus: Socialističesco pravo. 1957/3.
[Betr.: UdSSR.] ÜR 1029

Baskakov,N.;O.Ljachovič: Der Arbeit zur Verhütung von Verbrechen muß mehr Beachtung geschenkt werden. Bol'še vnimanija rabote po predu preždeniju prestuplenij [dt.] 8 S.
Aus: Socialističeskaja zakonnost'. 1957/5.
[Betr.: UdSSR.] ÜR 1047

Didenko,M.: Über den Zivilbeklagten im sowjetischen Strafprozeß. O graždanskom otvetčike v sovetskom ugolovnom processe [dt.] 4 S.
Aus: Sovetskaja justicija. 1957/6. ÜR 1057

Durmanov,N.D.: Versuch am untauglichen Objekt und Versuch mit untauglichen Mitteln. Pokušenie na nereal'nyj ob'ekt i pokušenie o negodnymi sredstvami [dt.] 19 S.
Aus: Durmanov,N.D.: Stadien der Ausführung des Verbrechens im sowjetischen Strafrecht. § 2. Kap.5. Moskau 1955. ÜR 1034

Über die Ermittlungs- und Untersuchungsverfahren. O doznanii i predvaritel'nom sledstvii [dt.] 10 S.
Aus: Socialističeskaja zakonnost'. 1957/8.
[Betr.: UdSSR.] ÜR 1002

Flatau-Kowalska,A.: [Rezension von] Joachim Renneberg, "Die kriminalsoziologischen und kriminalbiologischen Lehren und Strafrechtsreformvorschläge Liszts und die Zerstörung der Gesetzlichkeit im bürgerlichen Strafrecht." VEB Dt.Zentralverl.,Berlin 1956. 12 S.
Aus: Manuskript. ÜP 613

Flegl,V.: Für eine Neuregelung der Strafbarkeit von Abtreibungen. Za novou úpravu trestnosti potratu [dt.] 31 S.
Aus: Socialistická zákonnost. 1957, Nr 8.
[Betr.: ČSR.] ÜT 479

Hatala,V.: Versuch und Tatbestand des Verbrechens. Pokus a skutková podstata trestného činu [dt.] 39 S.
Aus: Právnické štúdie. Jg 5, 1957, Nr 3.
[Betr.: ČSR.] ÜT 474

Lernell,L.: Die Frage der Rückfälligkeit auf der Grundlage der Kriminalistikstatistik für die Jahre 1953-1955. Zagadnienie recydywy na tle statystiki przestepczości za lata 1953-1955 [dt.] 43 S.
Aus: Nowe prawo. 1957/9. ÜP 598

Murzynowski, A.: Die Anrechnung der Untersuchungshaft auf die Strafe im Strafprozess der Volksrepublik Polen. Zaliczenie aresztu tymozasowego na poczet kary w procesie karnym PRL [dt.] 35 S.
Aus: Państwo i prawo. 1957/7-8. ÜP 604

Nikiforov,B.S.: Das Objekt des Verbrechens im sowjetischen Strafrecht. Ob'ekt prestuplenij po sovetskomu ugolovnomu pravu [dt.] 34 S.
Aus: Dissertation. Moskau 1956. ÜR 1035

Ostrovskij,D.: Mittäterschaft oder Beihilfe? Součastie ili prikosnovennost [dt.] 3 S.
Aus: Sovetskaja justicija. 1957/3. ÜR 1055

Perlov,I.: Der vorbereitende Teil der Hauptverhandlung im sowjetischen Strafprozess. Podgovitel'naja čast'sudebnogo razbiratel'stva v sovetskom ugolovnogo processe [dt.] 12 S.
Aus: Socialističeskaja zakonnost'. 1957/9. ÜR 1032

Sacharov,A.: Die Verantwortlichkeit für geringfügige Entwendungen sozialistischen Vermögens. Otvetstvennost' za melkoe chiščenie socialističeskogo imuščestva [dt.] 10 S.
Aus: Sovetskaja justicija. 1957/3.
[Betr.: UdSSR.] ÜR 1050

Sawicki,J.: Über die Verantwortlichkeit für fehlerhafte ärztliche Eingriffe. O odpowiedzialności za błedny zabieg leczniczy [dt.]
[Betr.: Schuldproblem] 50 S.
Aus: Państwo i prawo. 1954/6. ÜP 614

Tadevosjan,V.: Der Kampf für die Beseitigung von Rechtsverletzungen der Jugendlichen in der UdSSR. Bor'ba za likvidaciju pravonarušenij nesoveršenno letnich v SSSR [dt.] 17 S.
Aus: Socialističeskaja zakonnost'. 1957/10.
[Betr.: UdSSR.] ÜR 1062

Vladimirov,V.;A.Ignatov: Der Begriff der Körperverletzungen muss genau festgelegt werden. Ponjatie telesnych povreždenij sleduet utočnit' [dt.] 15 S.
Aus: Sovetskaja justicija. 1957/3.
[Betr.: UdSSR.] ÜR 1052

Zagorodnikov,N.: Die Verantwortlichkeit für vorsätzliche Tötung,die unter erschwerenden Umständen begangen wurde. Otvetstvennost'za umyšlennoe ubijstvo, soveršennoe pri otjagčajuščich obstojatel'stvach [dt.] 11 S.
Aus: Socialističeskaja zakonnost'. 1957/9.
[Betr.: UdSSR.] ÜR 1003

13.Kriminalistik,Gerichtliche Medizin,Gerichtspsychiatrie-,psychologie

Keine Eingänge

14.Zivilrecht

Janovskij,Ja.: Die Gerichtspraxis in Schadenersatzverfahren bei Gesundheitsschäden. Sudebnaja praktika po delam o vozmeščenii vreda, pričinennogo zdorov'ju [dt.] 15 S.
Aus: Socialističeskaja zakonnost'.1957/9.
[Betr.: UdSSR.] ÜR 1045

Kičatova: Besonderheiten der materiellen Verantwortlichkeit für Schaden, der durch eine Rechtsverletzung verursacht wurde. 43 S.
Aus: Schriftenreihe der Leningrader Universität. 1954/6. ÜR 1049

Panjugin, V.: Einige Fragen aus der Gerichtspraxis des Obersten Gericht der UdSSR hinsichtlich der Anwendung der Wohnungsgesetzgebung. Nektorye voprosy iz praktiki Verchovnogo Suda SSSR po prineneniju zilionogo zakonodatel'stva [dt.] 22 S.
Aus: Socialističeskaja zakonnost .1957/4. ÜR 1038

Zankovskaja,S.;A.Kabalkin: Über die Kodifikation der Zivilgesetzgebung. O kodifikacii graždanskogo zakonodatel'stva [dt.] 16 S.
Aus: Socialističeskaja zakonnost'. 1957/6.
[Betr.: UdSSR.] ÜR 1040

Das Zivilrecht der Deutschen Demokratischen Republik. [Von Gerhard Dornberger [u.a.] (Rez.)[Auszug aus Bd 1,1954, 374 S. Bd 2,1956, 340 S. Dt.Zentralverl.übers.a.d.Span.] 2 S.
Aus: Boletín del Instituto de derecho comparado de México. Jg 9, Nr 27. ÜSp 1

15.Urheber- und Erfinderrecht

Keine Eingänge

16.Vertragssystem,Vertragsgerichtliches Verfahren

Gesetzesmaterialien zum Vertragssystem siehe oben.

17.LPG- Recht, Bodenrecht

Kokavec,D.: Die Gründung der Kommission für das Recht der landwirtschaftlichen Genossenschaften beim Kabinett für Rechtswissenschaft der Slowakischen Akademie der Wissenschaften. K ustanoveniu komisie rolnícko-družstevného práva pri kabinete právnych vied SAV.[dt.] 4 S.
Aus: Právny obzor. 1957/8.
[Betr.: Slowakei.] ÜS 114

Libenson,L.: Die Zuständigkeit für Klagen gegen die interkollektivwirtschaftlichen Räte. Podsudnost'iskov k mežkolchoznym sovetam. [dt.] 2 S.
Aus: Socialističeskaja zakonnost'. 1957/5.
[Betr.: UdSSR.] ÜR 1036

Tadžer,V.E.: Ist das Statut einer LPG Quelle des objektiven Rechts? Ustavut na dadeno TKZS e li istočnik na obektivnogo pravo? [dt.] 22 S.
Aus: Socialističesko pravo. 1957/6.
[Betr.: Bulgarien.] ÜB 178

18.Familienrecht

Szer,S.: Fragen der Kodifizierung des Familienrechts. Z zagadnień kodyfikacji prawa małżeńskiego [dt.] 27 S.
Aus: Nowe prawo. 1957/12
[Betr.: Polen.] ÜP 625

19.Zivilprozeß(einschließlich Familienrechtliches Verfahren)

Keine Eingänge

20.Arbeitsrecht(einschließlich Verfahren)

Hromada,J.: Betrachtungen über die Beziehung des Arbeitsrechts zum Zivil- und Verwaltungsrecht. Úvahy o vztahu pracovného práva k právu občianskemu a správnemu [dt.] 30 S.
Aus: Právnické štúdie. Jg 5, 1957, Nr 3. ÜT 476

ALPHABETISCHES SACHGRUPPENVERZEICHNIS

GERHARD BONDI

Deutschlands Außenhandel 1815–1870

(Schriften des Instituts für Geschichte an der Deutschen Akademie der Wissenschaften zu Berlin, Reihe I: Band 5)

1958. V, 156 Seiten — 25 Tabellen — gr. 8° — DM 8,—

Das Werk beschäftigt sich mit der Entwicklung des Außenhandels der deutschen Länder in der Periode zwischen dem Wiener Kongreß und der Gründung des Deutschen Reiches im Jahre 1871. Es ist der erste Versuch, unter Auswertung von Originalquellen die Veränderungen in Umfang und Struktur des deutschen Außenhandels innerhalb dieses Zeitraumes zu untersuchen. Der Verfasser zeigt darüber hinaus den Zusammenhang zwischen dem Außenhandel und der wirtschaftlichen und politischen Entwicklung Deutschlands, aus dem sich neue Erkenntnisse für die deutsche Geschichte des 19. Jahrhunderts ergeben. Von wesentlichem Interesse dürfte vor allem auch die Darstellung des Kampfes um die ökonomische Vorherrschaft in Deutschland zwischen Österreich und Preußen sein, der mit der politischen Auseinandersetzung parallel läuft.

Bestellungen durch eine Buchhandlung erbeten

A K A D E M I E · V E R L A G · B E R L I N

FSC
www.fsc.org
MIX
Papier | Fördert
gute Waldnutzung
FSC® C083411

Kolibri 360 GmbH
Ferdinand-Jühlke-Straße 7
99095 Erfurt, Deutschland
produktsicherheit@kolibri360.de